用心学习

[美] 托尼·瓦格纳（Tony Wagner）著

教育大师托尼·瓦格纳的学习之道
Learning by Heart: An Unconventional Education

中国青年出版社
CHINA YOUTH PRESS

图书在版编目（CIP）数据

用心学习：教育大师托尼·瓦格纳的学习之道 /
（美）托尼·瓦格纳著；麦丽斯译. —北京：中国青年出版社，2023.1

书名原文：Learning by heart: AN UNCONVENTIONAL EDUCATION

ISBN 978-7-5153-6668-5

Ⅰ. ①用… Ⅱ. ①托… ②麦… Ⅲ. ①教育学 Ⅳ. ①G40

中国版本图书馆CIP数据核字（2022）第094020号

用心学习：
教育大师托尼·瓦格纳的学习之道

作　　者：﹝美﹞托尼·瓦格纳

译　　者：麦丽斯

责任编辑：肖妩嫔

文字编辑：侯雯洁

美术编辑：佟雪莹

出　　版：中国青年出版社

发　　行：北京中青文文化传媒有限公司

电　　话：010-65511272/65516873

公司网址：www.cyb.com.cn

购书网址：zqwts.tmall.com

印　　刷：大厂回族自治县益利印刷有限公司

版　　次：2023年1月第1版

印　　次：2023年1月第1次印刷

开　　本：787×1092　　1/16

字　　数：197千字

印　　张：17.5

京权图字：01-2020-4728

书　　号：ISBN 978-7-5153-6668-5

定　　价：59.90元

献给我的孙辈，

萨沙、悉尼、基兰和瑞文

希望你们在学习中能一直保持

好奇心、创造力和勇敢

献给罗宾，

感谢你教会我如何写自传

Contents　　　　　　　　　　　　　　　　　　**目 录**

Praise

本书赞誉

这本书对今天的教育工作者有着深刻的启示。

——戴安娜·拉维奇

纽约大学教育史教授，曾担任美国教育部助理部长

这是任何做教育研究和从事教育事业的人的基本读物。书中蕴含的智慧细数不尽。

——埃丝特·沃西基

美国教育部顾问、谷歌顾问、"硅谷教母"、《硅谷超级家长课》的作者

这本书有趣而感人，讲述了一个任性的学生如何成为教育领域的大师和思想领袖。

——霍华德·加德纳

"多元智能理论"之父、世界著名教育心理学家

当教师和校长的个人经历和磨难，促使瓦格纳成为研究学校变化的现代民族志学者。他的回忆录是对传统的以内容为基础的中学教育的控诉，他呼吁建立一种更人性化的（教学）生态意识，以学习者

为中心的体系……在我们重新考虑创新时代的学习时，它比以往任何时候都更有意义。

——汤姆·范德·阿尔克

《如何利用学校网络进行项目式学习和个性化学习》的作者

托尼·瓦格纳写了一本令人难以抗拒的成长回忆录，它是对教育的延伸遐想——教育是什么，教育不是什么，教育为什么重要。这个关于精神觉醒、情感觉醒和道德觉醒的故事会触动你的心。

——丹尼尔·平克

著名未来学家、趋势专家，《驱动力》《全新思维》的作者

忠实于瓦格纳的指导原则，这本引人注目的回忆录将帮助你理解自己和你周围的世界。

——泰德·丁特史密斯

教育创新先锋，《为孩子重塑教育》的作者

《用心学习》的丰富故事讲述，揭示了为什么课堂或对话对任何准备"用心学习"的人来说都需要深入倾听。本书传达了他的人生追求。

——赫尔·葛瑞格森

美国麻省理工学院领导力中心的执行主任、

麻省理工学院斯隆管理学院领导与创新高级讲师

《用心学习》揭示了我们传统教育机构中存在的权威和羞耻感的双重问题，并慷慨地提供了一种基于目的、尊重、启发、快乐甚至爱的学习方式。

——凯茜·戴维森

国际知名跨学科研究专家，《重新认识学习》的作者

一部分是回忆录，一部分是宣言，《用心学习》是一个强有力的反击：它充分证明了教与学不可避免的个人特质。

——肯·罗宾逊爵士

《什么是最好的教育》《让天赋自由》的作者

如果你认为你知道什么是"聪明"或"终身学习者"，请阅读《用心学习》，准备好接受挑战吧。瓦格纳巧妙地提醒我们，聪明和学习发生在一个完全不同的交叉点上，那是好奇心、创造力和毅力相遇的地方。

——玛德琳·莱文

美国专业临床心理医师、亲子教育专家、《反脆弱养育》的作者

托尼·瓦格纳博士的这本自传给了我们一份很棒的礼物。在教我们如何开发学生的潜力时，他以大多数成功人士所不具备的方式展示了自己，既展示成功也展示失败。他告诉教育工作者，当我们挑战自己，追问教育的目的是什么、即使逆流而上我们又如何最好地为这个目的服务时，这就开始建立一个强大的、目标明确的、以学生为中

心的环境，让我们的学生茁壮成长。托尼说得很清楚，我们没人能独自完成这一切，但他带我们回顾他走过的旅程，展示了教育和教育工作者的力量。

——兰迪·温加滕

美国教师联盟主席

托尼·瓦格纳的回忆录说服力十足、亲切感满满，是非传统孩子迫切需要的如何在传统教育下学习的导航。我喜欢这本书，在瓦格纳的故事中我找到了希望，我会向担心孩子在这个世界上找不到出路的父母推荐这本书。

——杰西卡·莱西

《大西洋月刊》特约撰稿人、《允许孩子犯错》的作者

瓦格纳充满激情的回忆录为教育工作者们提供了启发学生的蓝图。

——《出版人周刊》

这本诚实而有思想的回忆录提醒读者，学习的核心是什么——对于每一个独特的个体——学校不可能是一种万能的方法。

——美国图书馆协会《书单》（Booklist）杂志

Introduction

前 言

　　"用心"学习某样东西是什么意思？对于大多数人而言，这个词意味着将某事牢记于心，比如一本书的一篇文章、一首诗、一出戏剧的几行对白，或者可能是一个方程。但是"抓住问题的核心"是什么意思呢？这表述的是非常不同的内涵，不是吗？有时候你不可能靠死记硬背学会一样东西。

　　本书讲述了一个小男孩成长为一个年轻人的故事，他抗拒记忆任何学校要求学的东西。实际上，他拒绝大多数大人告诉他的"学到心里"的很多事情。他参加的课程还有他身处的世界对他来说都没什么意义。他是被强迫着要触及事物的内核，去探索一本书里真正重要的内容、自然界的一刻、一个概念、其他人的一段经历、历史上的一段时光。

　　他想明白什么是真正重要的事情，想弄清楚生活的意义，想带着热情和目标工作。

　　故事里的主角就是我，对于学习来说，什么最重要，以及怎样才能最好地学习，这两个问题一直萦绕在我心头并且不断激励我前进。

退学风波：
灼热而喧嚣的教育旋涡

难道生活只不过是一个问与答的过程，问题得不到解答，答案不会受到质疑？

当我跟那些对学校有美好回忆的人聊天时，他们很少提到自己上过的课程。那些愉快地追忆学校生活的人，大多数都把校园时光当作一段与朋友快乐相处的日子。或者是他们曾经擅长的体育活动和参与过的课外活动让他们感到兴奋。他们几乎异口同声地说，课程对他们来说很简单，因此他们与老师相处愉快，拿回家的成绩也很好，父母也非常满意。

对于很多学生，尤其是那些在学校出于某种原因过得很艰难，或者不受欢迎也不擅长运动的学生来说，学校就是可恶至极、痛苦至极的地方。我就是这种学生。学校对我来说像是一幅有着几百块碎片的巨型拼图，这幅拼图没有图画指引我或告诉我最终会拼出一幅怎样的图像。我怅然若失，没有前进方向。

从1年级到6年级，我上的是一个小型私立日间学校，距离我家半小时的车程。我对于那里的课程和老师只有模糊的记忆，黑板上写满了内容，老师说这是我们要了解的重点知识；每天上下学都要拖动着笨重的课本。我记忆最鲜活的部分就是我是个局外人。大多数的孩子都住在郊外，所以他们经常在放学后和周末见面。但我不是。我住得离他们太远了。课间休息时，没有人邀请我加入他们的游戏，大多数时候我只能在旁边看着。

我学习阅读的速度也很慢。有一些孩子天生就比别的孩子学得要慢一些，然后在大多数情况下，来自家长、老师源源不断的焦虑和压迫情绪逐渐把一个慢速阅读者变成了一个没有安全感的学习者。有几年，母亲都让我每周参加一次课外辅导。给我辅导的格雷老师不像是学校里的那些老师，她非常有耐心，并且很暖心，4年级的时候我就已经对阅读很熟练了。但是不管是初学者书单、根据难度安排的书籍还是学校指定的书目都让我感到厌烦，阅读的过程毫无乐趣。我喜欢闻每晚从传真机上取下的蓝色复印纸的味道，但是我讨厌在每天晚上一遍又一遍地做相同的数学题，简直比阅读任务还要讨人厌。我大多数时候都不做作业。

大概过了一年多我真的掌握了阅读的要领。我简直爱上了阅读，从中获得乐趣。起初我为《我们在那里》（*We Were There*）系列图书着迷，每一本书都是以小说形式编纂的真实历史事件，里面有一个或多个孩子作为主角。我不记得我是从哪儿看到了第一本书，但是只看了一小会儿这本书就完全吸引了我。到了11岁左右，我每天晚上大多数时候都在读书，是我自己想读，而不是学校要求。

我在俄勒冈小道跋涉，在葛底斯堡战役中奋战，在"波士顿倾茶事件"中倾倒茶叶，和海军上将伯德在南极飞行差点冻死。但是最吸引我的是有关二战的书籍，尤其是当我读到日本军队呼啸着从天空中飞过，偷袭美军在珍珠港的舰队时，感受那种可怕和绝望的感觉，我在巴丹战役的雨林里穿梭，靠吃虫子果腹，我在诺曼底海滩上的碉堡疯狂地开枪。

我继续阅读了不同的战争营地的内容。德国将军埃尔温·隆美尔，人们称之为"沙漠之狐"，他神出鬼没地在沙漠围攻英国军队，然后脱逃，他的作战方式令我着迷。我之后又对大型船只之间的作战产生了兴趣。我请求父母让我看纪录片节目《海上的胜利》（*Victory at Sea*），它每周都会讲述一个不同的海上战争故事，里面用到的是原始影像资料。这个节目总是以《海军赞美诗》（*The Navy Hymn*）

的第一节作为结尾：

> 永恒的天父，强大并给予拯救，
>
> 天父的臂膀掌控翻滚的波浪，
>
> 天父能够平息强大的海洋，
>
> 海水无法超越指定的限制，
>
> 噢，请聆听我们的恸哭，
>
> 我们为那些在海里丧生的人们哭泣！

听到这音乐我浑身发颤，感到十分悲伤。当我们每周日在小型国教教会里听到这首赞美诗的时候，我就会有这种感觉，迫不及待地希望敬拜早点结束。我会试着想象在驱逐舰上是什么感觉，在日军海军战役的炮火下拿着一杆枪，神风特攻队随时会飞向我们，恐怖感一直萦绕。

我知道如果我参战会做什么。我会成为一个射击飞行员，就像我父亲一样。在《大不列颠战役时我们在那里》（*We Were There at the Battle of Britain*）这本书里，当我们在空中开战准备营救英国军队时，我驾驶着喷火式战斗机向德国梅塞施米特式战斗机Bf 109和福克-沃尔夫FW 190（"百舌鸟"）战斗机开火，才从空中逃出免于飞机损毁。读完这个故事以后，我找到了很多其他二战时期空战的故事。我学会了战争中每一架战斗机的名字、武器装备和表现特征。我在想哪一架飞机最好：美军P51野马战斗机还是英国喷火式战斗机。P51飞行速度更快而且携带的枪支更多，但是喷火式战斗机更好操作，就像是一辆跑车那样。

在我父亲的书桌上，我曾看过一幅装在银色相框里的照片，照片里我父亲穿着军装站在喷火式战斗机的机头下面。我有很多事情想问他，不仅仅是他的飞机，还有在战场上的真实感受。就像很多二战退伍军人一样，他很少谈到自己的经历。

很多年后，我确实得到了很多答案，70岁的父亲坐下来开始写一篇记录他战争经历的短文，"献给孩子和孙辈们"，他说。

1939年战争在欧洲爆发，当时我父亲在卖保险，在约翰斯·霍普金斯大学修了几门课程，还打高尔夫球。"我在学校和大学的成绩时好时坏，"他写道，"我的生活就是高尔夫球和好时光。"

他的另一个爱好是飞行。

当时他只是在朋友的小型私人飞机里待过3个小时，从来没有单独飞行过，他决定加入美国陆军航空队，但是他不具备所要求的大学学历，还要等待一年。1941年在一个劳动节派对上，我父亲遇到了一位前皇家空军飞行员，他向他请求帮助。皇家空军正需要大量飞行员，因为前一年在大不列颠战役中很多飞行员都牺牲了，所以在1941年的11月，21岁的父亲成为了英国空军飞行训练学校唯一的美国人。跟他同一批毕业的60个获飞的飞行员，只有一半在战争中活了下来。

我父亲当时以顶尖的成绩毕业，不过他承认自己在摩斯密码考试中作弊。因为当时所有的联络都是通过无线电进行，他看不到学习摩斯密码的意义。

在做了几个月的飞行指导后，父亲从一场半空对战中在布里斯托海峡上跳伞逃生，得到了他选择的作战机会。父亲被列入了第四十一军，这支军队当时驾驶的是最流行的作战飞机——传奇喷火战斗机MkXII。接下来的几年，父亲参与了无数次抵抗和防御战，艰难追击德国战斗机，护送法国上空的轰炸机，低空扫射军舰和机车，在空中反击战中遭到射击，然后负伤回到基地。他的飞行日记读起来就像是一部经典二战电影：

"掩护在阿布维尔市的轰炸机；休·帕里遭到射击。"

"从巴黎返回时后尾部队掩护了300架B17战斗机；50架FW190战斗机；我军的一架喷火战斗机遭到射击并爆炸。"

"台风（一种英国单人战斗机）在勒阿弗尔遭到6架FW190战斗机袭击；跟他们交战；我们袭击了两架战斗机。"

"与9架ME109和FW109集合，在阿布维尔上空与20多架FW190战斗机正面交战；汤姆·斯派克和迪克·荷加斯失踪；萨金特·费舍遭到射击，共有190架飞机损毁。"

有一次父亲承认，尽管每天都被恐惧和危险包围，那却是父亲一生中最快乐的时光。他做的是自己热爱的事情，并且完成出色。

在诺曼底登陆前四天，父亲驾驶的战斗机在英吉利海峡德军占领的根西岛附近遭到射击并坠落。

"我当时整天坐在自己的救生筏上……两艘由海空特种救援中队空投的救生艇落在我身边，但是被吹走了，我无法触及。"他在回忆录里写道，"最终黄昏的时候，德军派出的法国渔船抓获了我。当我踏上根西岛港口的岸边时，一位德国军官向我敬礼，用蹩脚的英语说'对你来说，这场战争已经结束了'。"

战争的最后一年，他在德国一个恶名昭彰的战俘营"空中一号"度过。当时几件事情支撑着他走出那里，在少有的几次谈到战争经历的时刻，他说其中一件就是他想拥有一个农场的梦想。

1945年6月父亲回到了家乡，他向投身于战争之前就心动的姑娘求婚。次年7月我出生了，我生命的第一年是在斯普客山上的农场度过的，我的父母把新家建在了马里兰农场。家庭相册中我最喜欢的一张照片是我穿着雪人服装，满面笑容的父亲紧紧抱着我。

除了在那张照片里，我很少看见父亲会笑。父亲很快就发现，务农是件苦差事，而且赚的钱很少，而他和新婚妻子的成长环境都很优越。我母亲的父亲曾是一名矿产工程师，后来成功转型成股票经纪人。她从小生活在弗吉尼亚米德尔堡的豪华别墅里，那是一块猎狐之地。大学三年上的是萨拉劳伦斯学校，那是当时先进的女子精英大学。他们对于拮据的生活都有些不适应。因此我父亲卖掉了农场，找到一份职业基金募集人的工作，我们也从一个地方搬到另一个地方：从巴尔的摩到布法罗到印第安纳波利斯到普林斯顿又回到巴尔的摩。母亲在搬家的时候，还要照顾我和我年幼的弟弟妹妹。

乡村生活刻在父亲的血液里，我6岁的时候，他在马里兰又买下一块农场。这一次，他雇用了一位专职农夫经营农场，并且他每天从巴尔的摩往返，父亲在巴尔的摩的工作是成立一个投资团队，收购经营困难的公司，通过更好的管理改善公司，然后再卖掉，父亲希望这样能够盈利。

"正午时光"，是新农场的名字，那里有绿草包裹的山峰，上面点缀着绿色的森林，直冲下山是一个亲切、翠绿的小村庄。一条名为

"派尼洄游"的小溪从村边流过，时快时慢。阳光在湍急的溪水上闪闪发光，在静止的池塘里，一棵古老的橡树下面栖息着机灵的小鱼。整片山边农场包裹在篱笆里，在小村庄里，养着成群的安格斯黑牛，发出哞哞叫声，整天都在外面走来走去。接下来的6年，农场就是我的工作、我的游戏，是我远离学校的孤独的避难所。

父亲每天早出晚归，周末会打高尔夫球。我想他可能更迷恋田园式的幻想，像坐拥土地的乡绅一样生活在"庄园"，而不是真的要经营一个农场。我母亲不参与干农活。她大部分时间都在接送孩子们上下学、管理家务，但是她总能找到时间阅读、摄影和画水彩画，有时候会弹钢琴或者听她最爱的歌剧。厄尔是当地的农民，住在我们村庄一个小角落的房子里，他负责所有的农活，有时候会雇人或者让他的孩子和我帮一点忙。

除了牛群，我们还养了一些其他小动物，我的工作就是每天晚上穿过巨大的白色谷仓去喂它们。猪、马，还有两只大丹犬、鸡，当然还有讨厌的大鹅，我父亲用他最不喜欢的哥嫂的名字给它们命名。如果跟鹅挨得太近，它们就会用尖锐的喙啄你。

喂完它们，我就会关掉灯，当墨水一般的黑色爬过整个村庄，我就会看着动物们投下的影子，听着它们咀嚼、发出呼哧呼哧的声音，在冰冷的夜晚感受它们身上散发出的热度。慢慢走回家，面对那一夜的家庭作业，我把脖子伸出去看点缀在无尽的夜空上的星星。银河，太阳系，银河系，宇宙，它们到底是什么？它们怎么会飞到那里？我有许多的疑问。

割草是最繁重的农活。草垛巨大并且沉重，我根本就抬不动，但是我能把它们捆成3到4捆，让工人们快点搬到卡车上。割草的季节总是又热又湿。仅仅在刚刚割草的农田上待一个小时，我就浑身湿透，皮肤上贴着刺痒、松散的草根。割草过程中通常没有休息，因为下午晚些时候经常会有暴风雨席卷整个山坡，所有的干草都需要在大雨到来之前捡起来然后带到谷仓。我会坐上最后一辆载满草垛的马车，无法动弹地平躺在上面，因为疲劳而处于半昏睡状态，但是我很自豪。

如果不需要我帮忙割草，我的时间就都属于自己，农场就成了我探索的宇宙。

我会带着我的狗斯慕提一起爬山，去看看山外还有什么，但是只发现了更多的山，更多的森林，更多的牧草地。我在阔叶林里冒险，爬上一块冒出地表的岩石，这样我就能透过遮蔽的榉树林和枫树林向下俯瞰，思考谁生活在这阴森的灰色影子之下。

探险让我浑身汗湿，我从山边爬下来，回到小村庄，小溪顺着村边流淌，激荡着流进齐腰的、蓝绿色的冰冷湖水中。我截断水流，看着水流在我搭建的棍子和岩石中形成新的溪流。历险的最后，筋疲力尽的我躺在草地上，看着懒洋洋的天空中缓慢飘过的如同岛屿一般的洁白云朵。

我11岁的时候，农场上迎来一位访客，我不记得他的名字了。他是我父亲在城里的一位商业合伙人，那天晚上他跟我们待在一起。当天晚饭的时候，他问我是不是喜欢钓鱼，小溪里有没有鱼。我在"派尼涧游"河里确实见过，我告诉他，但是我从没试过抓鱼。

"我带了鱼竿和鱼线，"他告诉我，"如果你想参与，明天我们试试。"

破晓后不久，我带着那位访客从我家顺着山下走到一处静止的湖泊。他递给我鱼竿，给我展示鱼线怎么用，该在哪里扔鱼钩，用我从花园里挖出来的一条虫子当鱼饵。很快，我感觉有鱼上钩了，我拉着鱼竿准备钓起来，他告诉我要让鱼在水里挣扎一会儿，这样鱼就没劲了，最后再把鱼拖进网里。那只是一条鲇鱼，我们把鱼扔回湖里，我又尝试了一次。

当我们在河岸边坐着等待鱼上钩时，那位访客问我喜不喜欢学校。以前从未有人问过我这个问题，我不确定自己是不是该如实回答。但是他带我钓鱼这件事也从未有人做过。

"我不喜欢学校，"我承认，"但是我在课外读了很多书，我真正感兴趣的书。"

他点点头，好像理解了。

我们没再等到鱼上钩，没过一会儿他瞥了一眼手表，说我们该走了。他还要开车回到城里。

那晚我试图入睡，想着这位访客为什么问我关于学校的事情。这让我思考我为什么不做作业。我们为什么不能在课堂上就只阅读那些让我们感兴趣的东西呢？

那位访客来访几周后，给我邮寄来一个包裹。里面是一个棕色的盒子跟一张纸条，上面写着的是：谢谢你带我钓鱼。

我小心翼翼地打开盒子，看见里面装着蜘蛛网状的细小金属丝，尾端带着不同颜色的细小碎格，一个黑色的塑料开关旋钮，一团线，还有不同大小的螺栓和螺丝钉。看上去有点像一小堆垃圾。在盒子的底下，我发现一本纸质说明书："如何组装你自己的晶体管收音机。"

哇，组装我自己的收音机。我着迷了，完全沉浸其中。那么多线，还有那么多页小字印刷的说明书。我简直不敢相信能把这么一堆东西组装成一部真正的收音机。我阅读了说明书的第一页：

你会在里面发现什么：

第1页：从中转站到接收站，完整的图片。

第2页：你会在这个手工项目中用到的零件信息，符号图解流程图。

第3页：组装步骤。

第4页：运作和试验步骤。

第5页：组装图表。

第6页：天线和底部零件。

第7页：零件列表和临时组装的零件。

说明书里还列出了我在制作中需要用到的工具和部分零件：剪刀、尖嘴钳、十字螺丝刀、小号直叶片螺丝刀、锋利的小刀或者电线剥离器、钻子或者碎冰锥、贴纸、中等厚度的砂纸、天线。这里面有一半东西我都不知道是什么。

我带着说明书去作坊找厄尔，我们的农夫，就在停放拖拉机和其他农场用车的仓库旁边。他刚结束了一天的工作。厄尔是一个身材高大、声音低沉的男人，留着小胡子，右前臂上文着一个巨大文身，是一条绕着一根棍子、露出长牙的眼镜蛇。他看了说明书，然后看看我，摇了摇头。

"这是一个手工项目，"我解释道，"我要做一台收音机。"他布满烟渍的牙齿中间叼着一根骆驼香烟，半嘟囔着，然后从工作台的钉板上取下来工具，把工具放进了一个纸箱。

放完之后，他把纸箱递给我说，"等你做完就把这些东西尽快还回来，听到了吗？"

回到卧室，我开始小心翼翼地拿出纸箱里的工具，然后阅读零件列表，想要从中理清头绪。我要做的第一件事就是把两块纸板剪下然后粘在工具包里带着的两块板子上。一块板子是收音机的底部，用于装载发电装置：电容器、二极管、线圈和电阻器。另外一块板子是收音机的前部，会安上调音按钮、天线和地线连接装置，还有两个用来插耳机的连接器。

我用钻子钻了两个洞，用于把前板和底板安装在一起。然后我把可变电容器安在前部。这样是为了能够调台。目前为止一切都不错。

装好底部的板子的4颗螺丝后，说明书后面的步骤变得更加复杂了。"位置：3个线圈，二极管和螺帽。把3个线圈装在恰当位置非常重要。L-1有3个小圆点，分别是红色、红色和黑色；L-2的圆点是黄色、紫色和黑色；L-3的圆点是棕色、灰色和棕色。"我试着在头脑中理解这些话语的意思。"按照上述步骤。按'钓鱼线的方式'缠绕线圈，粘上线圈、二极管，还有可变电容器的2团电线，给耳机留出1—4英尺的线，按照指示从前板留出5英尺的地线，放在螺帽下面。"

怎么回事？这太难了。我完全看不懂，我觉得我永远无法完成收音机的安装。即使我装好了，可能收音机也不能用。我站起来，把这团乱麻扔在了地上。

几天以后，我重拾信心，又开始安装收音机。我极其确定自己完全能够准确辨认出不同的线圈，每一步我都缓慢开展，在开始下一步之前会反复检查。一旦我完成了这些步骤，剩下的就是要把辅助的耳机连接到前方的两个线圈上。最终，说明书上说："开始下一页的测试、运行和试验。"

但是还有一个按钮。"一个牢固的天线是必须的，这样才能体验到晶体管收音机的终极愉悦……天线，50—100；直径14，"下一页的说明书提示我，"留出几股电线是最实用的。线可以是绝缘材料也可以是不绝缘的，管壁厚度是1.4毫米，如果手边没有类似尺寸的电线，可以用相似的代替。"

是时候再去拜访一下厄尔了。我把工具还给他，然后向他展示了天线那一页的安装说明。"哎呀"是他所说的全部的话，边说边从一个线圈上拉出一段线，然后剪到了合适的长度。

我花了整个下午安装电线。我在二楼的卧室外有一个小门厅，我把天线缠在楼梯扶手上。完成的时候，母亲已经两次叫我去吃晚餐了，第二次基本上是带着威胁喊叫"托尼！"我就只好把电线放在那儿下楼了，内心十分不情愿。

回到楼上的时候天已经黑了。我把天线、底板和耳机线跟前面的板子相连，然后再去看说明书。"戴上耳机，缓慢地旋转控制钮，收听电台。如果能够听到电台的信号，就继续下面的步骤。"我会听到什么呢？我好奇地想。"如果听不到，那么：1）一步一步检查所有的天线，确保所有的安装和连接都正确。确定你使用的天线/底板都是按照第6页上所指示的。"现在我开始担心厄尔给我的线可能不对。"检查你的耳机，清扫耳机底部的终端连接口，如果听到'咔哒'的声音，耳机正常。检查二极管（D-1），触碰第4页上的天线终端，如果听到'咔哒'的声音，二极管正常。确保L-1、L-2、L-3的线圈都按照第4步的流程安装在正确位置上。"

我的双手在颤抖，我戴上耳机，缓慢地调试调节按钮。什么都没有。没有一点声音。我就知道。我就知道我不可能成功。我不能做好任何事情。

但是之后我又把所有的地方都检查了一遍。耳机发出咔哒声。二极管正常。线圈在正确位置。我重新连接天线，把耳机放在耳朵上，再次转动按钮。电台的嘈杂声！真实的声音。我肯定是第一次安装天线的时候就没有安装牢固。

我继续转动。出现了音乐，然后，又出现一个电台，广播播音员的声音。"费城。"他说。我在收听的是《费城故事》，用我自己做的收音机。我整个晚上都在听，想要找到更多的电台，中间还出现了很多干扰。那天晚上睡觉的时候，我太兴奋了，以致无法听清。我做到了。我靠自己做到了。我希望那个访客还能过来，这样我就可以给他展示了。

说明书上的最后一页写着一些能够在收音机上做的试验，比如改变天线的长短或位置，或者是把天线的扣子移到不同终端的位置。最吸引我的试验是比较一下白天收听到的电台数量和晚上收听到的电台数量。晚上收听到的数量更多，我很好奇是为什么。

我的父母给我买了一本《世界百科全书》，由此我开始阅读关于电台频率和大气层的内容。我了解到电离层是大气层中的一层，有50到60米高，电台的信号就是从上面折射下来的，当太阳落山时，电离层的组成部分就会改变。夜晚的电离子更少，就可以让收音机信号传播到大气层更高的地方，在那里电离子有时候会以不同的收音波段发生颤动，带走一些波段的能量再反弹给地球。这段文字很晦涩，还有很多我不明白的地方，但是我在学习。广泛地从阅读中学习。为什么学校不能是这样呢？

很快我就12岁了，我的世界逐渐打开。我父母卖掉了"正午时光"，在我父亲参加高尔夫课程的第六球道边上建了一所房子。他们说这样我就可以离7年级要去的学校更近，那是巴尔的摩一所男子日间学校，叫作吉尔曼，我父亲就是在那里上的学。

尽管外面还像是夏天，但是游戏时间结束了，老师们在一开学就告诉我们，那里的老师全是男老师。天气非常炎热，我真想在"派尼洄游"小溪里玩水。事与愿违，我要做的是每隔50分钟就换一个不同的课程，它们都会指定成堆的作业。我必须穿着外套、打着领带去上课，因为这是校服。领带的意义是什么？它打结的方式，就像一个绳套，我真的很讨厌它缠在我脖子上的感觉。每天早上我都无比希望自己能从吉尔曼退学。

为了让上课的时间快点过去，我拿出我的自动铅笔开始想象。它们都是战舰，从港口出发，在我的斑驳的木制课桌顶上的铅笔插槽着陆。铅笔战舰会去遥远的地方探险。船员都生活在笔帽夹上，铅笔的其余部分装着一个巨型卷曲的核能发动机。有时战舰之间会发生冲突，船只损毁，船员只能逃生。从船尾弹出的红色橡皮就是它们的逃生舱。我希望我也能逃生、脱困，赶快离开这里，回到农场里。

8年级比7年级更糟糕。老师们说他们必须"鞭笞我们"以使我们适应高中生活，因此作业变得更多了。另外，几乎每天都会有考试和测验。我从来不为它们学习。我不知道为什么要这样做。我不会为了通过一次愚蠢的考试就逼着自己去记忆那些无聊的知识。

我找到了在教室度过时光的新方法：通过一台小的索尼收音机收听棒球比赛。同学们都在谈论世界锦标赛，但是我不在意；我只是想看看我能不能逃离学校。我溜进厕所，从衬衫前面的口袋里拿出耳机线，然后顺着袖子放进去。我用手盖住耳机，然后把收音机放进我的裤兜里。坐在座位上，我会把手放在耳边，戴上耳机，老师背对着我们的时候，悄悄跟其他同学报告比分。

每一个在吉尔曼上学的人都对体育非常狂热。在高大的砖砌教学楼后面，操场上各式各样的体育运动场地似乎永远延伸着。我们要求每天放学后都进行一种体育活动。如果你不是站在烈日下方或者是整天在可怕的狂风中等待某件事发生，那么你就是在煤灰跑道上冲刺，试着不摔倒，或者不踩着别人，要么就是不被别人踩到，追着一颗球并且祈祷自己不要受伤。我父亲上学的时候踢花式足球。我简直无法想象，我不喜欢任何运动。

只有一节课是我特别期待的，就是宗教课。宗教课的芬尼老师不会留很多作业，我们不用为了考试记一大堆东西。我们学习旧约中的故事，然后一起讨论。当我们读到该隐和亚伯的故事时，他问：
"该隐杀掉他的兄弟以后，上帝就轻易放过了他，这样做对吗？"

这是我第一次在课堂讨论中，遇到老师真的要听到我们的真实想法。没有正确或错误的答案，只有我们如何能更好地表述自己的观点。最重要的是，我们讨论的是重要的问题，关于如何生活。通过对话和想法参与学习，这节课在我年幼的头脑留下了深刻和持久的印象。

那个学期结束不久，我父母在家里举办了新年晚会，邀请了很多他们在乡村俱乐部的朋友。我躲在楼梯上偷听。有一个男人从客厅出来，手里拿着酒，看到了我。

"那么，学校咋样？"他醉醺醺地问，几乎完全斜靠在楼梯扶手的中心柱上。

"挺好。"我说，眼睛看着壁纸。

"你长大了想做什么？"

"我想成为一个宗教哲学家，"我郑重地说，"不过我是个不可知论者，而且我不知道如果你完全不相信上帝，能不能成为一个宗教哲学家。"

他盯着我看了一会儿，然后回到了派对。

新学期刚开始，我父母和我就都被叫到学校跟校长会面。尽管我在芬尼老师的宗教课上成绩非常好，但是这并不能拯救我；每一门课我的成绩都非常糟糕。我们得知我不会得到在吉尔曼读高中的"机会"。

我讨厌这个地方，很高兴我不用再回来，但是那时我也会害怕。

有没有可能我最终去的学校，在那里的生活会更加悲惨呢？

在9月的一个阴雨连绵的寒冷之日，父母开车送我到艾文旧农场学校，一家康涅狄格州的寄宿学校。走进校园，我就震惊了：唯一一条进出的道路穿过了4幢建筑中心的4个拱门之一，接下来就是通道，每一幢建筑都用有颜色的石头——一种巨大的红色砖石建造而成。墙上的小窗户就像是中古世纪城堡上防卫用的小窗口。屋顶是倾斜严重的石板，建成一个小小的塔楼，高耸的烟囱冲入灰色的天空中。装着巨大铁链的厚重幽深的木门里面是第一层的教室。宿舍在第二层和第三层。

我和我父母走在通往校园尽头宿舍的石板路上，一位长者讲述了艾文的历史。"西奥多·波普·瑞德是美国首批获得建筑师资格证的女性建筑师，她也是这所学校的创始人，想要创造一种科茨沃尔德乡村的感觉，"他解释说，"因此在1927年，她花了上百万美元，把这些工人从英国带过来，几乎所有的东西都是手工制作，木质的横梁、门上的铁栓、手工制玻璃。棕色的石头是从旁边采石场运过来的。"

她为什么要大费周章建造一所像堡垒而不像学校的学校？我想象着校园外可能会有城墙和吊桥，穿着护身铠甲的骑士在外面守卫，可能用长矛骑马格斗就是一项课外运动。

我父母帮我把行李搬到我的房间，然后他们就回到车里。母亲给我一个冷淡的拥抱。父亲跟我握手说，"努力学习吧，儿子。我不在乎你做什么，只要你尽力就好。"然后他们就走了。

回到宿舍，我四处打量我的房间。光秃秃的木墙，嵌入式的上下铺床，一个带着几个抽屉的狭小衣柜，一张能翻盖的桌子和椅子，还有一扇透光的小窗户。天啊，简直是太吵了。那些家伙们在走廊上跑来跑去，大喊大叫。我什么都能听到。从我的房间到走廊的门上下都能打开，就像是一个卫生间的小隔间。我想，这样他们就能偷看你。

艾文收录的都是成绩不好或者没有考试分数的孩子，它出名的一点就是这是一个招收体育特长生的学校。我们每个季节都要参加一种运动。我参加了足球、摔跤和长曲棍球，因为我父亲想让我参加这些运动，但是我讨厌这些。这里简直是吉尔曼的翻版，只不过现在的同学更加高大和健壮而已。混蛋艾特·朱瑞有一次一拳击中我的下巴，把我打倒在地，因为他说我太吵了。那个混蛋是接受过训练的拳击手，想找个机会显摆自己。如果你不是运动员——我就不是，你最好就在柜子里待上4年，期待着他们能别来找你麻烦。但是他们不会轻易放过我。

艾文的课程跟吉尔曼的毫无二致，所以我也还是那样一个学生。"黑斯廷斯战役于1066年打响，作战双方是诺曼底公爵威廉一世带领的诺曼法国军队和哈罗德·葛温森国王带领的盎格鲁-撒克逊军队……"突然之间，冗长的叙述停下了。"你应该记笔记，否则你永远不知道期末考试要考什么。"我必须要把他说的都抄写下来吗？不可能，我不会那样做的。

毕达哥拉斯的定理是关于三角形的东西。我完全不懂。π到底是什么？出于某些疯狂的理由，我更多地把它记成了十进制数字，而不是应该记住的3.1415926。

领域、课程、秩序和生物分类，我完全搞不清楚。课本上画着彩色的男性和女性生理解剖图，但是我只想知道不穿衣服的女孩是什么样子的。

动词时态？我只能记住veni、vidi、vici，但是这并不能帮助我攻克拉丁语。我来了，我看到了，我失败了。

我开始憎恶所有的课程，除了英文课。英语老师雷姆塞老师有一点奇怪，他用两根修长的手指夹着烟的方式好像那是一件精致的东西，每次他吐出一口烟，短促的烟雾就会直冲入空气中。但是我真的喜欢要求我们阅读的书。

《老人与海》讲述的是老渔夫圣地亚哥连续84天都没有捕到一条鱼。因此他决定冲进大海，孤身一人坐着小船，寻找大鱼。他抓住了一条巨大的马林鱼，用了两天时间才把鱼网住，最终杀掉了鱼。但是这条鱼太大了，无法装进他的小船，因此他不得不把鱼挂在船边。鲨鱼来了，开始吃他丰收的成果。"我的兄弟。"他对马林鱼说。他想用一件粗糙的工具对抗鲨鱼，那是一个绑着小刀的船桨。他杀死了一些鲨鱼，但是没法杀掉全部的鲨鱼。

"那么为什么圣地亚哥这么沉迷于棒球运动员乔·迪马吉奥的方式呢？"雷姆塞问我们。

我举起了手，在座位上不安地扭动。

"瓦格纳？"

"我想是因为他崇拜乔·迪马吉奥的方式，即使乔的骨头已经刺穿脚踝，一刻不停地疼痛，他也坚持不懈做到最好。老人也感到非常疼痛，但是他知道不能放弃，他要坚持捕鱼。"

雷姆塞微笑着，吸了一口香烟。"那么，你认为如果那个男孩马诺林跟老人一起出海，会有什么不同吗？"

这正是我喜欢这门课的一点。有时候他会问我们一些从来不会在我们身上发生的问题，就像芬尼老师那样。

下一个作业就是要写一篇短篇小说。我决定要写我自己的"老人"故事。我写的是一个在新罕布什尔州的怀特山脉上当了一辈子导游的老人。我写的是这个老人用他的方式把人们指引到我最喜欢的山上，比如说在弗兰克尼山脊上的拉斐特山。我描述了从山顶俯瞰的景色，你怎么能够通过密林丛生的佩米戈瓦塞特荒野看到总统山脊和华盛顿山的锯齿状的山峰。但是这个老人越来越老了，就像圣地亚哥一样。他不能再带领人们，甚至都不能再登山了。他的膝盖和后背总是很疼。因此他决定最后一次自己登上拉斐特山。

他走的是我最喜欢的一条路线，瀑布小道，从山脊攀登。当他穿越山脊向顶峰爬去时，太阳也渐渐落山。当他终于在黄昏到达光秃秃布满岩石的山顶时，天空中雷声大作，老人看见远处蜿蜒的闪电。

我安排了这种情节，这是雷姆塞老师讲的伏笔，先给读者一种暗示，接下来有事情要发生，不要中止阅读。

他能够判断出马上要下雨了，因此他找到一处岩石遮蔽的地方，就在山顶下方躲了起来。他已经累了，非常疲惫。

我是这样结束这个故事的："慢慢地，他向这种慰藉灵魂的沉眠屈服了。"

我简直用尽毕生所学才写下这个句子。我不断地改写，直到自己满意。我想要用到雷姆塞老师教的押头韵的方法。我想让这个句子听上去有ess的长音，这个声音也许会让你想要睡觉。我故意让结尾充满不确定。也许他只是睡着了，或者也许他死了。由读者来决定。

想让故事听起来合理真的是个挑战，要动用所有的感官，要用到我在新罕布什尔州怀特山脉上爬山最好的回忆，同时还要塑造这个角色。他跟我之前遇到的任何一个人都不一样。

雷姆塞老师简直为这个故事痴狂。他在班上读了这个故事，还给了我一个A。这是我在学校得到的第一个A。

10年级一开始，我简直迫不及待要上英文课。但是很快我就知道态度要改变了。斯坦利老师是一个半秃的老男人，抽着雪茄，脸上带着那种紧张的半笑不笑的表情，他发出的根本就不是笑声，更像是一头牛的叫声。

我们读的第一本书是托马斯·哈代的《还乡》。太太太无聊了。然后我们要写一篇相关的论文。"分析出能说明游苔莎有超自然性格的证据。这些证据对于她作为一个故事人物有什么影响？"我不知道他想要的是什么，所以我只是编了一些段落。得了C-的分数。

最终，斯坦利给我们布置了一次创意写作作业。我们要写一篇描述班里同学的记叙文。我写的是我们班一个个子很高、金发的运动型男孩，他移动的方式像是徘徊中的猎豹。

我们上交了作文以后，他选了几篇在班里读。我很希望能选中我的。但是最糟糕的事情却发生了。他读的文章写的是一个戴着牙套、眼镜总是滑到鼻梁上、黑头发油腻腻的孩子。文章里还写了这个男孩每次挑破和挤压满脸青春痘的方式，每个人都看着我然后开始大笑。

斯坦利也看着我，脸上露出一丝微笑，好像很享受我尴尬的样子。我的脸颊好像烧起来。我从来没受到过这种羞辱。

10年级剩余的时间，我的分数仅仅是刚刚及格。晚上试着睡觉的时候，我常常幻想带着一帮反叛者席卷校园，释放那些囚犯。但是我永远不知道这些犯人——我们这些学生——会去哪里，或者我们会做什么。另外，也没有人会跟着我。我前所未有地孤独。

1962年秋天，11年级一开始，一位老师从夜间自习厅来到宿舍中间，告诉我们迅速在食堂集合。以前从未这样做过。走入冰冷刺骨的夜晚，每个人都在猜测发生了什么。大家都没有思路。

我们都在长桌旁坐好以后，校长站在食堂前方的讲台上。他清了清喉咙，用麦克风开始讲话，这样每个人都能听到："苏联在古巴部署了洲际弹道导弹。总统刚刚宣布要海上封禁古巴。这件事要一直持续到苏联撤走导弹。"学生们不可置信地摇了摇头。

"先生们，这对于我们国家来说是一个非常危险的时期。自从核时代开始以来，从未有过两个超级大国这样的冲突。没人知道结果如何——"他的喉咙里发出声音，"今晚就让我们祷告，每个人用自己的方式，为我们的总统和我们的国家祷告。你们可以回到自己的房间了。"

一些孩子欢呼，还有一些孩子紧张地笑了。我摇摇头离开了人群，走向草地和森林的连接处。

天哪。这是真的。回想到在吉尔曼，他们会在空中发射信号弹，让我们都趴在桌子下面，我觉得这可能没太大作用。我看见过电影里的炸弹爆炸。但现在的炸弹更多，可能威力更大。没有一块地方是安全的。

为什么？为什么会发生这样的事？我抬头看看天空。天空澄净，群星闪耀。如果真的有上帝，他一定不会让这样的事情发生，这会在几秒钟内就把全世界毁掉。我希望我也有能信奉的神明，这样我就可以祷告：上帝，请不要让这样的事情发生。

课程、考试、分数、上大学，所有这些现在看来都无比渺小。

我学会了抽烟，总是从自习厅后面的宿舍溜出来在一间黑暗的教室里抽上一根烟。我会戴上一只手套，这样他们就不能闻到我手指上的烟味，之后我会咀嚼一颗薄荷糖，但是我知道我会咳嗽，我确实咳嗽过几次。作为惩罚，我要在周六在整个校园进行数小时的劳动。

周六晚上允许我们去镇里，只要在晚上11：30的宵禁时间之前回来就可以。周中的时候，孩子们就会谈论起镇上谁会举办派对，会不会有酒。我很想去，不过去了也只能站在角落里喝啤酒。我知道如果我带着一嘴的酒气回到学校，我一定会被开除。

11年级结束我还是老样子，成绩单上带着一堆的C和D。大多数的孩子都学习，至少有时候，他们似乎不在乎要记忆和照搬成堆的无聊知识。我为什么总是在怀疑一切？我为什么就不能就像所有人一样适应环境，做我应该做的事呢？

从学校回到家，跟父母还是照样摩擦不断。他们会用他们的问题折磨我：你为什么不努力，你意识不到好好考试有多重要，上大学有多重要，等等。而我保证过我会做得更好，如今基本都成了一个仪式。

12年级开学回学校的火车上，我感到非常恶心，压力很大。所有的孩子都在讨论12年级的英文课老师有多严厉。他的名字叫西德·克拉克，但是每个人都叫他鼹鼠。因为他又矮又胖，还长了一个长鼻子，每次他值班巡逻的时候，好像他在凿隧道，用巨大的四孔黑色手电在找麻烦。

英文课比我预想的还要糟糕。鼹鼠几乎在高二都用50分钟整节课的时间在说教，他还有一个习惯就是在没有预警的前提下，让孩子们回答《坎特伯雷故事集》或者其他古老图书里的奇怪问题。他会盯着你直到你小声说出一个答案，如果你说的答案不是他想要的，就会奚落你。"是你的狗把你的课本又吃掉了吗，瓦格纳？"如果你愚蠢到打瞌睡，像我有几次那样，他就会朝你扔板擦。当他这样做的时候，孩子们会一直起哄。我坚持到周六是为了能够离校。

我应对的策略奏效了一个月。我又去了镇上的一个派对，但是头一遭，我回去迟了。只是比宵禁晚了20分钟，又不是世界末日。手电筒光直直地照进我的眼睛里，几乎闪瞎了眼睛。我被抓了。

"瓦格纳，你归校太晚了！"鼹鼠大叫。

别是他。任何人都行，就别是他。为什么所有老师里，今天就必须是鼹鼠值班呢？

"我打不上车。"我嗫嚅着，想要找个借口。如果不是他从我的呼吸中闻到了啤酒味，我可能只是需要禁足几周。我在车里为了防止万一，已经嚼了好几块薄荷糖。我需要伪装到底。

"瓦格纳，你他妈就是个废物！"他咆哮着，走近我，然后盯着我的脸。"你总是个废物，你永远是个废物。回到你的房间去。"

上帝啊，他的判断从何而来？当我在黑暗中摸索着回到宿舍时，他的话一直萦绕在我的脑子里。我17年来的生活都遭到了断定和审判。还有我的未来。我已经被宣判是一辈子的废物。而我很确定他是对的，这是最糟糕的部分。我步履维艰地走上台阶回到自己的房间，咸湿的泪水顺着我的脸颊流下来。

我紧紧地裹着被子，我挣扎着要睡觉。我无法停止思考过去3年的无聊沉闷。我知道几乎全是C和D的成绩不能让我考上体面的大学。我可能根本考不上大学。

第二天早上第一件事，我叫了一辆去火车站的出租车，我买了一张去纽约的火车票。我没获得外出许可，我知道我可能会因此被开除。但是没关系，在我的脑海里，我已经是个辍学生了。

我在纽约街头走了3天，头脑里不断重复着鼹鼠对我恶毒的攻击。我从来没听过一个成年人说过"他妈的"。他对我说的那个词简直太恶心了。我对于自己逃跑的行为也很愤怒。可能他没有闻到啤酒味，如果我不跑走可能仅仅是会被罚。我现在究竟要去做什么？我没有主意。

斯坦利和鼹鼠不是我上学时仅有的遇到过的侮辱学生的老师。艾文也不是我去过的最糟糕的学校，或者是我退学的最后一所学校。但是我第一次主动地反抗了。我跨越了很大一步，走入未知世界。这是一种短暂的解放，释放的感觉很快就被纯粹的恐惧取代了。我当时还不知道，我只是从烟雾中径直奔向那段灼热而喧嚣的教育岁月。就像钢铁一样，我最终被它加热和锤炼，虽然只是通过更痛苦的经历。

最终我给父母打电话告诉他们我要回家。校长已经告诉他们我不能再回学校了。我母亲在火车站见到了我。我们沉默地回到家。"训话"在当天晚上一顿紧张和沉默的晚饭之后终于开始了。

"你有几个选择，"我父亲用平静但是威严的口气说，"你可以参军。"什么，准备好要跟苏联打仗了吗？希望不要发生战争。"或者在加油站找一份工作。"他继续说。我想不到比那更不想做的工作了。"或者去上公立高中。"公立高中是油脂青年（greaser）①去的地方。"或者你可以再找一个愿意收留你的寄宿学校。你自己决定。"他充满厌恶地看着我。

我不能选择"以上都不选"，所以我同意了最后一个选择。我父母雇用了一个顾问，为我找一所愿意接收我的寄宿学校。有一所学校愿意录取我，就是纽约索莫斯的希灵中学，在曼哈顿以北一个小时车程的地方。我自己坐火车过去，然后按照录取通知书的地址打车过去。

那是11月的一个烟灰色的日子。学校的校园里是两幢维多利亚时期的房子，坐落在一座种满树的小山上，俯瞰着一片两边遍布芦苇的田地。破败的教学楼上墙皮已经脱落，球门上没有网子。露丝和奥托·斯万是这所营利性学校的所有人，他们住在更小的那幢房子里。另外一幢房子里区分出教室和宿舍。我走向前门廊的时候，偷看到一帮无所事事的男孩，坐在破旧、直靠背的木头椅子上打扑克。

一个黑色油腻头发的高个子男孩冷淡地打量着我，"你是从什么

---

① 是美国青少年亚文化的一种，指20世纪50年代美国工人阶级家庭里长大的叛逆青年。——编者注

学校被开除的?"

希灵原来是像我这样的"废物"最后能选的学校。这二十多个男孩都是从别的学校退学或者被开除的。每个班只有3到4个学生,虽然我们理论上应该在不同的年级,但是我们都要听相同的无聊演讲,完成同样的无聊作业。

我到那里几个星期以后,老师和学生们都在公共休息室集合,共同沉默地盯着学校的电视。总统被枪击了。一片混乱。没人了解发生了什么。但是之后克朗凯特出现,沉痛地宣布总统已经去世。

我冲到了走廊上。我不想让他们看到我哭了。我只想一个人待着。感觉就像是去年古巴导弹危机的重演,成年人们在一个无情的世界做着疯狂的事情。但是我现在没法思考这件事。我还要度过一年上学的时光。

希灵不会布置太多作业,可能因为他们知道没有学生会做,但是春季的纽约州考试的压迫感不断逼近我。想要毕业,我必须通过所有主要课程的考试。问题是我根本不知道该怎么学习。

我手头还有很多时间,但是下课后就只能打扑克,所以我大量阅读。海明威、菲茨杰拉德、斯坦贝克,课堂上没有布置他们的任何一本书。或者如果布置了,我肯定会提前就读完。老师们用他们讲解结构的方式毁了这些好书,而且对我们怎么想或者这本书怎样阅读只字不提。

那个冬天我发现了托马斯·沃尔夫。我用3周的时间把他的四部小说都读了。海明威笔下的角色,就像学校里那些爱好体育的男子,还有我父亲,都崇尚坚毅大于一切。沃尔夫的人物则不同,尤金·甘特和乔治·韦伯都非常敏感和善于思考，他们想要明白这个世界以及自己在其中的位置。

他们是我在文学作品或者在现实生活中遇到的第一种不会因为自己的情绪感到窘迫，或者想要隐藏情绪的人。感觉是他们认识世界的一部分。他们对世界的感受和他们对世界的想法一样多，就像我这样。读到这些书，我开始意识到我可能并不是天生的怪胎。

那年冬天晚些时候，我偶然发现了一本波兰作家斯坦尼斯瓦夫·莱姆写的格言书，我是在学校图书馆的角落里发现了这本书。我着迷于这个作者如何能用几个词就抓住智慧或者生活的困境。我写下了一些名言：

"砸碎纪念碑的时候要保留基座，总能派上用场。"

"乐观主义者和悲观主义者的区别只在于世界末日的日期。"

"食人族用刀叉吃是一种进步吗？"

"如果一个不会数数的人发现一片四叶草，是一种幸运吗？"

然后我试着写我自己的箴言。我知道大多数都很粗糙，但是我会精心修改我喜欢的句子，因为它们基本上总结了我关于成人和生活的观点。

难道生活只不过是一个问与答的过程，问题得不到解答，答案不会受到质疑？

因为在写我自己的箴言，我对于写作再次充满激情，这是自从斯坦利羞辱我以后的第一次。我决定试着找一位创意写作老师。我知道他肯定不会是我在希灵中学的英语老师。烟斗里的烟在他的头上打转，他身边就像总是萦绕着大雾。但是学校里另外一位英文老师似乎对我和其他孩子都比较有礼貌并且友善，我想可能因为他是英国人。他不会试图获得别人的喜爱，就像我们年轻的生物老师那样。他看上去尊重我们。我终于鼓起勇气问他能不能教我创意写作，他的回答是"我非常愿意"。他说这算是一项课外活动，没有分数或者学术成绩。

每周爱德华兹先生都会给我布置新的写作任务，我们会见面并讨论。有一周是写童年回忆，下一周是描述自然，然后是独白，再然后是幽默故事。他鼓励我要写那些我知道或者经历过的事情，不要完全在脑子里杜撰。我在这些"作业"上花的时间比其他所有科目的作业加起来还多。

有一周他建议我试试写一篇对话，因此我根据在食堂偶然听到的内容写了一篇。

"托尼，你真的抓住了那个青春期男孩的语气。"爱德华兹先生说，"在那种奚落中展示出了那种伤害，却没有直接的描述，这简直太精彩了。但是老师干预的部分有一点矫揉造作。下一次，你可以试着自己把这些内容大声读出来，看看写得是不是真实。"

老师干预的这一段是我编造的，所以才不奏效。但是我真的很喜欢爱德华兹老师，他每次都会对我做得好的一个方面进行点评。他也会指出我需要继续努力的地方。他总是在鼓励我，让我想要更用功，就像是一个好教练。

至于其他的考试，我只是做我必须要做的事情，能通过考试就好。虽然成绩很差，SAT（美国大学入学考试）也考得很差，我还是被弗吉尼亚州一所小型男子大学兰道夫-麦肯学院录取了。我在艾文相处得还不错的一个同学前一年刚去，说他喜欢那里。这对我来说已经足够好了。

那一年的春天来得很早，每个人都疯狂迷恋披头士。课后我们会打开窗户，然后听着音乐冲进校园。《真爱无价》和《我想握住你的手》循环播放。一位老师刚关掉一台收音机另一台收音机就又响起来了，最后引来全体合唱。高中生活即将结束，我第一次开始感到希望。但是希灵中学的校长斯万女士把我叫到了办公室。

斯万女士很少来教学楼，她如果来了，那肯定是某个学生遇到了大麻烦。斯万女士是那种很彪悍的女人，带着蹩脚的德国口音，灰色的长发盘在头上，就像是一个皇冠。

她皱着眉头，让我坐在她的桌前。

"我们发现你私藏东西。"

私藏？什么东西……然后我想起来，我在宿舍马桶的水箱里放了几罐可乐。马桶还能使用，有什么问题吗？

"我要让你停课反省，我们会通知你的父母，接下来的3天你要回家，直到下周春假之后才能回来。我希望你利用这段时间好好反思怎样才能够更有责任心，并且给低年级学生做好榜样。"

回家的火车之旅非常漫长。我不知道父母会是什么反应。我母亲见到我，让我告诉她发生了什么——虽然我知道斯万夫人已经给她打过电话了。

"让我来梳理一下，"她说，勉强挤出一个微笑，"你在马桶后面冰可乐的惩罚就是再给你3天额外的假期？"我们两人都欢呼起来。这几天，我跟母亲就像是某种伙伴，有时候母亲会跟我谈论她在看的书，跟我分享她最喜欢的歌剧。

春假之后，我一直数着还有几周我才能解禁。然后万·希尔达在五月末的时候从办公室打来电话。这次我又做了什么？

"会考的分数出来了。"哦，糟糕，来了。"你的生物考了45分。"

我哭着冲出了门。我就知道。生物老师刚刚从美国和平部队退伍。大多数的课程都是无聊的闲谈，我没学太多东西。现在我没法毕业了。我一次又一次地用手捶墙。

"开玩笑的，"几分钟后，她在走廊里大喊，"是94分。"

我简直不敢相信。她为什么要这样做？

后来，我都不想去参加毕业典礼了，但是我必须得去，因为我父母专门从巴尔的摩开车过来。斯万夫人在发表精心准备的演讲时，我蜷缩在自己的金属折叠椅上。几位教师走过来给学生颁发奖状。我完全没有在意。我简直等不及整件事赶紧结束。

然后爱德华兹老师走上讲台。"希灵中学今年要颁发一项创意写作奖，"他说，"获奖者是托尼·瓦格纳。"

我完全惊呆了，缓慢地从椅子上站起来。最终，我蹒跚着走到领奖台上，从他手中接过了那个包装精致的小包裹。他用温暖的手握住我的手，给我一个温柔的握手："恭喜你，这是你应得的。祝你好运。"

高中毕业的那个夏天，我读了两本书，回忆起来，这两本书对于我的思想觉醒至关重要。第一本书就是约翰·斯坦贝克的《愤怒的葡萄》。我们似乎从小学开始就学过好几年的美国历史，老师们总是讲到经济大萧条，但是我不知道当时经历过大萧条的人是什么感受。

我最震惊的是斯坦贝克对于贪婪的银行和大业主们的描述，他们利用俄克佬（Okie）[①]，并且用政策对付他们。当人们试图组织起来时，警察就杀了他们。为什么老师们只会让我们记忆日期和事件，却不让我们知道活在不同的时代是什么感觉？那时候太多的学习都是死记硬背。当时留给我们的任务和我们必须做的作业都无聊透顶，毫无意义。对于我来说那就是不值得做的作业。

第二本书对我来说影响力更大，是我在试着理解我上学的那些时光。书名叫作《夏山学校》，里面讲的是英国萨福克郡成立的一所实验寄宿制学校，作者当老师前是一名记者，叫作A. S. 尼尔。《夏山学校》列出了他的教育哲学。他认为学生们天生聪颖，学校不应该妨碍他们天性的发展："我们立志要建立一所学校，孩子们有自由去做他们自己。为了做到这一点，我们放弃了所有的纪律、方向、建议、道德训练和宗教指导。"

每周的例会上，教师和学生共同决定学校的规则，每个人都可以投票。孩子们可以自由选择音乐课或者木工课或者在外面玩。课程都可以选择，没有考试或分数。偶尔尼尔会"为了好玩设置考试"，比如问学生们："以下这些东西在哪儿能找到：马德里、星期四岛屿、昨天、爱、民主、憎恨、我的袖珍螺丝刀。"学校作业充满乐趣。

尼尔用一句话概括了他的方法，让我觉得尤其震惊："我的第一任妻子和我创办这所学校的时候，我们只有一个想法，就是要让这所学校适合孩子们，而不是让孩子来适应学校。"我想到了成年人强迫我"适应"一所学校，如果我做不到就会受到严厉的批评，从老师在

---

① 来自俄克拉荷马州的人，由于失去土地被迫迁往其他州，靠替人采摘葡萄勉强为生。——编者注

我的成绩单上消极的评价，到我父母永无止境的说教。像大多数孩子一样，我会因为我的失败受到指责：我很懒，或者我就是不够聪明，我是个废物。最终鼹鼠道出来了，但是我知道其他的老师，甚至我的父母都是这么认为的。

但是假如完全相反呢？如果我父母找到了一所适合我的学校呢？这样的学校在英国之外存在吗？如果去一所这样的学校是什么感觉呢？我的生活和学习会有什么不同呢？

有一个答案对我来说很清晰：我的学习更多的是会围绕我的兴趣和疑问，就像夏山学校的孩子们一样。尼尔相信真正的学习只会发生在一个学生具有内部动机时，不是要在考试中取得好成绩来取悦老师或者父母，而是要理解一个孩子天生有兴趣的东西。

尽管被贴上了"不情愿的读者"这个标签，我还是如饥似渴地阅读了大量关于二战的书籍，并且想要试着理解我父亲自愿成为战斗飞行员的事情。我想知道与危险共存是什么感觉，为自己相信的东西而战是什么感觉。11岁的时候，我就研究过收音机波段、调频和电离层，与此同时我却拒绝完成作业。当我受到鼓励去自己解读圣经故事的时候，我会花时间思考复杂的概念，比如不可知论。当我拿到一个自己写短篇小说的挑战时，我会去研究不同的文学形式。尼尔是对的。当我对某样东西感兴趣的时候，如果能够拥有追寻这样东西的自由和鼓励，我就是一个渴慕知识的人，甚至是一个好学生。

夏山学校另外一个吸引人的方面就是学生和老师之间轻松随意的关系。当我回顾自己上学的日子时，我意识到虽然雷姆塞先生用一种吸引人的方式教我英文，他却没有吉尔曼教我宗教的芬尼老师以及希灵中学我主动找到的教练爱德华兹老师那么令我印象深刻。这不仅仅是我对于他们所教授的东西很感兴趣，还有这些老师给我传递的一种感觉，他们关心我这个人。"没人在乎你知道多少，"古语常说，"除非他们知道你有多么在乎。"

最后，尼尔关于游戏的想法吸引了我。他认为很多重要的事情都是通过儿童游戏习得的，那些事情比课本上学到的更重要。他写道，无组织的游戏为孩子们提供了学习如何与其他孩子相处和发挥创造力的机会。多年以后，我读到很多教育理论家的著作，我逐渐了解到孩子们是如何利用各种形式的游戏的，他们不仅仅以此来获得社交技能或者将其用作想象力的出口，他们还会凭此来理解这个世界。加州大学伯克利分校的哲学教授艾莉森·高普尼克（Alison Gopnik）认为，婴儿是科学家，他们会通过游戏来"构建"对事物本质的理解。

这时候我才知道，我有多么想念自己在"正午时光"的小山和森林里未经干扰的游戏。但是我以前从未认为游戏是一种学习的方式。现在我开始以新的视角看待自己在新罕布什尔5年的夏令营时光。我认为那里与我的教育无关，但是我在那里的生活就是通过游戏学习，而并不是夏山学校或农场的自由玩耍。它带来了不同，总之是更为严肃，更有目标。

开放式学校：
夏令营也是教育

夏令营就是教育，正如儿童的生活不是为了未来某个时刻做准备，现在的时光就是全部的生命。

　　我父母不让我看太多电视，但是我会请求他们让我看《独行侠传奇》，独行侠戴着白帽子，带着他的银色子弹和一匹叫作西尔弗的马。他到处帮助好人，反抗坏人。唐托是他的印第安帮手，但是唐托一向沉默寡言，除了叫他"忠诚的朋友"（kimosabe）。

　　尽管我的牛仔帽是黑色的，我的六轮手枪是印在帽子上的，我的唐托是一条叫作斯慕提的大丹犬，但我是农场里的独行侠，在山间游历，寻求冒险，保护我们的安格斯黑牛免受偷牛贼的侵害。我会去数还有几周才能到夏天，这样我就可以自由地驰骋在草地上，浑身大汗，脱光衣服，在"派尼涧游"小河里尽情划水。

　　但是在我10岁的那个夏天，我的父母让我去一个位于新罕布什尔叫作莫格利斯的营地露营。我的父亲也去过那里，但是从未告诉我关于营地的任何事情，只说它靠近群山，在一个叫新发现（Newfound）的湖上。我要坐上从巴尔的摩到波士顿的火车，然后乘坐巴士从波士顿到露营地。

　　一切都猝不及防。随着一阵刺耳的鸣笛和紧急响铃，一辆巨大的内燃机车停在轨道上，在我跟母亲等待的站台上停下来。我当时穿着我母亲订制的莫格利斯灰色羊毛衫和短裤，这样营地辅导员就能认出我来。一个穿着跟我一样制服的高个子男人从台阶上走下来，告诉我他的名字，跟我握手。我用力地拥抱了我母亲，跟着他上了车。火车缓慢地停在车站上，我找了一个座位，鼻子贴在窗户上，想要跟我母亲挥手告别，但是她已经消失不见了。

　　在这趟旅途每一站停站的时候，更多的孩子上车了，有一些穿着莫格利斯的制服，其他人穿着不同的制服，走向不同的营地。一到波士顿，我们这些穿灰色制服的人就被赶上巴士，慢慢地向北行驶。我对旅途毫无印象，只记得我的胃很不舒服。这是我第一次离开家，8周像是一段很长的时间。

最后，巴士沿着一条土路开到了一处平坦、尘土飞扬的户外区域，我很快就知道那里是营地的中心。我们按照通知来到这里，检查着我们这一周的职责作业。每天晚上，我们在这排队，立正站好，降旗的时候敬礼，小号手吹响《致敬彩色》①，通过扩音系统播放。

在集合场地的一边，有一个名为灰兄弟大厅的雄伟建筑，就像所有营地上的建筑物一样是黑巧克力色。前部有一个门廊包裹着，在平坦的、松木镶边的大厅一侧内部是一个巨大的舞台，在另一侧有一个大得足以站在里面的石头壁炉。台前挂着一块巨大的帆布窗帘，装饰着一幅等比的画着森林动物和男孩的画。男孩浑身赤裸，在地上玩耍，一群狼围在他的身旁。两只幼崽正在跟他玩耍，一些大人在旁边看着。一只巨大的黑熊站在男孩身边，就像一个守卫。一只黑豹待在一块岩石上，看着这个男孩。远处，有一只老虎似乎准备扑到他们身上。

舞台两边的墙上还有两幅画。其中一幅，是一个肌肉发达的青年，身上只裹着一块蓝色的布，站在两棵细树旁边，每棵树都长着一些淡蓝色的叶子。树木像是握着的手的形状朝着男人弯曲。年轻的男人朝着一条巨大的蛇微笑，那条蛇完全缠绕在他身上。他们似乎是朋友。在另一幅壁画上，一个脖子上佩戴一把长长的、弯曲的刀鞘的男人站着，两只手放在两只动物上，一只是豹子，另一只是熊。一头灰

① *To the Color*，会在颁发荣誉的仪式上播放，与奏唱美国国歌的礼仪相同。——编者注

狼站在他们身后。这些画都很简单，背景是奶油一样的颜色，几乎就像是你在涂色书上绘画用的色彩。所有的画右下角都有签名：Wah-Pah-Nah-Yah。我很好奇这位艺术家是不是印第安人，就像唐托一样，以及这些生动的画作在讲述着什么故事。我花了很长时间站在这些画前，盯着它们。

我对于鲁迪亚德·吉卜林的《丛林之书》并不熟悉，因此我没有立刻认出这些人物。那个男孩和那个青年当然就是莫格利，他小时候是在丛林里被发现的，是被一群狼抚养长大的，他就像是狼群中的一员。狼群里的幼崽就是他的"灰兄弟"。喀阿，那条蟒蛇，实际也是一个朋友。那头熊巴鲁是他的老师，黑豹巴赫拉也是他的老师。营地里很多地方的名字都来源于《丛林之书》。叫作巴鲁的休憩小木屋是给像我这样的最小的孩子睡觉用的；叫图麦（大象管理员）、阿克拉（狼群首领）以及黑豹都是给大一点的男孩睡觉用的；丹是给年龄最大的露营者准备的，他们都是十五六岁。每一个休憩小木屋都和主路有一小段距离，主路从灰兄弟大厅沿着一条平缓的小路向下，穿过大约四分之一英里的高大松树林，最后到达湖边。

休憩小木屋很简单。深棕色的木板有建筑物的一半高，剩下的空间通向开放式的低矮的屋顶。在里面，松木的墙壁和屋顶还未完工，两寸厚四寸宽的支柱，就像是骨架的肋骨一样暴露在外。12到15张松木床排成两排，和建筑物一样长，每排旁边都搁着一张低矮的、开架的写字台。两个辅导员的床放在休憩小木屋的尽头，这样他们就挨得足够近，能够听到窃窃私语，敲一敲就能让屋里安静。

宿舍一头的走廊有足够的空间放下原木桌子和长椅，我们可以下雨天在那里玩桥牌或者纸牌游戏。所有的桌椅上都雕刻着歪歪曲曲的名字，有一些都刻进了磨损的木头里。很多休憩小木屋都非常古老，寿命超过了50年，我很好奇我能不能找到我父亲名字的首字母。

每间宿舍的前面都是一个绳球场，里面有10英尺高的金属柱子，柱子顶端的绳子上悬挂着一个坚硬的橡胶球。自由活动时间，组队的男孩两两对峙。第一个把绳子完全绕在柱子上的人获胜。男孩们都站着观赛，为朋友加油，同时也等着轮到自己。这个游戏就像所有的竞技游戏一样，对我来说毫无吸引力，可能是因为我是一个迟钝而且笨拙的小孩。当轮到挑选垒球队队员的时候，我总是队长最后选择的孩子之一。

从主路走下去，穿过松针路就来到了睡觉的木屋，左右蜿蜒的小径通往活动区。一条到射箭场和射击场，另外一条通往橄榄球场和垒球场。到达码头区前，还有一条小路向右延伸，上山就是一片茂密的树林，里面有白松树、枫树、白蜡树、柏树。要走上几分钟，才能看到通向简易石头门廊的石阶，门廊顶上悬挂着一个钟，那是一个露天教堂。它会成为对我来说很特别的地方——是我能独自去的地方，当我需要远离小木屋的噪音和无数的奚落，想要想通一些事情时，我就可以来这里。

第一周周日的下午，悠长的钟声把我们召集到一起，我和巴鲁小木屋同寝室兄弟和辅导员一起排好队，准备去教堂。我们沉默地沿着小路走着，走上台阶，穿过门廊，那里的高度和宽度足够我们肩并着肩通过。四周都是平整、齐膝高的墙，围出来的空间可以放20张长长的笔直的木头长椅，刷着跟营地建筑一样的棕色，每边有10个椅子，中间是通往圣坛的小径。我们走向这些长椅的时候，一个几乎完全藏在圣坛后面的小屋里的风琴，奏着缓慢、庄重的教堂音乐。阳光透过厚厚的树叶洒在我们身上。

我们站着，翻开椅子上的圣歌本，唱了起来，然后被告知我们要坐下。风琴沉闷的嗡嗡声逐渐消失，我听到了奇怪的鸟叫，这是我在马里兰从未听到过的音符。我第一次仔细地看着圣坛。圣坛是由不同形状和大小的苔藓石头组成，由一些看不见的灰泥固定。没有桌布，没有精心擦拭的烛台。只有一棵苍白的柏树穿过圣坛，每边都有一些苔藓在空中飘扬。

金斯利先生是营地负责人，从前排的椅子走过来面对着我们，他站在圣坛前。跟我们剩下的人一样，他穿着莫格利斯派发的衬衫和短裤，只不过他的衬衫有一个蓝色的口袋写着一个白色的M，代表着他是高级辅导员。初级辅导员是灰色口袋带着一个M，我之后才知道这个区别，因为露营者的我们都没有口袋。

他用一只手理理自己油腻的黑头发，欢迎我们的到来，并用低沉的声音告诉我们伊丽莎白·福特·霍尔特女士在1903年创办了这所"开放式学校"。这个地方是让我们这样在拥挤的城里和郊外长大的男孩体验自然和学习户外技能的地方。她给一位著名作家鲁迪亚德·吉卜林写信，请求他允许她用"莫格利"来命名自己的营地。金斯利先生解释说想要在丛林里生存，就必须学会运用智慧和变得坚强，学会让动物朋友帮忙。动物还教会他热爱并尊重森林里所有的生物。

然后金斯利先生读了海军上校奥尔科特·法拉·埃尔韦尔写的

一篇文章，埃尔韦尔上校1925年接管了霍尔特女士成为了莫格利斯的领导者，并且连续27年管理这片营地。这里有利于发展每个男孩的性格。我发现很难跟上，金斯利先生说话的时候我一直坐立不安。粗糙的长椅一直磨着我大腿根，我还得不停地轰赶周围想袭击我们的蚊子。

我不知道我在那里做什么。我住在农场里，并不像有些孩子从未到过乡村。但是我被辅导员讲到的行动计划吸引了。几乎每一天，我们会去不同的行业为勋章劳作，参与射箭、木工、艺术、手工、戏剧、露营、网球、来福枪、皮划艇、冲浪活动。当然还有游泳，不过不是在游泳池里，而是在寒冷、清澈的湖水里。我们每周都会在白天远足，晚上也会远足。第二天就要开始。我都无法决定自己先尝试哪一项最激动。

金斯利先生朗读了一小段《圣经》，结束了讲话。就像我在家听到的《圣经》讲道一样，对我来说毫无意义。我终于能站起来舒缓一下双腿，我们依次起身，穿过教堂的小道我走回休憩小木屋。

那一天晚上，在拥挤的晚餐餐厅吃完一顿嘈杂的晚餐，我们步行去参加首轮篝火晚会。篝火晚会都在主要的土路旁边的小树林里举办。篝火堆旁边黑色石头的周边是用原木椅子围成半圆的80多个座位，篝火还没点燃。我们的椅子是由4码长的松树木片拼成，一头有靠背，一头有脚踏板。一块长木板钉在长的一边，把所有的木板钉在一起。我们小孩子的腿比较短，可以把腿伸展，但是大一点的孩子不得不屈膝坐下。

当我们都挤到座位上时，金斯利先生从一处名为委员会岩石的栖息地下来，点燃篝火。火光冲入暮色之中，他告诉我们要赢得4枚勋章才能进入内圈坐着，靠近火焰。坐在那里年纪较大一点的男孩似乎对于他们的位置非常自信，围着篝火伸出双脚，好像篝火就属于他们。

篝火晚会结束以后，我们回到了小木屋，在煤油灯摇曳的火光中刷牙，在营地的茅坑如厕。我一边打着哈欠，一边爬上了坚硬的木板床，床上只有一层覆盖着棉条纹布床单的薄薄的床垫，还有粗糙的羊毛床单，为抵御寒冷的夜风而高高堆起。一位辅导员关掉了所有的灯，只留下一盏，他把灯放在了小木屋中间的一张椅子上便坐下来开始读书。

他选的是哈迪男孩探案故事系列的一本书，可能是《悬崖上的房子》这本书，是这一系列早期的一本书。乔和弗兰克·哈迪还有几个高中同学准备要去郊外骑摩托车，他们决定要去山上一座废弃的房子里探险，那栋房子里以前住着一位年老的守财奴，直到有一天他被抢劫并谋杀。他们进到房子里的时候天已经暗下来了。他们听到一声尖叫然后停下来。弗兰克劝大家回去，他们又再次回到房子里，外面雷电交加，他们又听到一声尖叫。他们冲进房门的时候，有一部分天花板塌陷下来。最终，乔和弗兰克在一个弯道里找到了一个秘密的洞穴，楼梯直接通往老房子。他们被抓了，但是最终获得自由，并且救出了他们的父亲，一位著名的探险家，他已经被困在房子里好几天了。

《寻找隐藏的黄金》《岸路历险记》《洞穴谜团》，在莫格利斯的那几年我们听了很多这些故事。营地是唯一一个能听到有人给我大声念故事的地方。每天晚上，除了煤油灯昏暗的光晕外，黑暗中充满了悬疑、刺激和冒险。虽然很累，但是从来不希冀故事会结束。

第二年夏天回到营地的时候，第一天在图麦，我注意到有一个新来的孩子，跟其他人都不同。他的头发乌黑，笔直地梳在后面，深棕色的眼睛和黑红色的皮肤。他戴着厚厚的黑边框眼镜，说话带着口音。不是南方口音，但是有一点拖长音。他不会害羞，不会后退，虽然大多数孩子都是在乱走，他却会用机警的眼睛注视着，脸上挂着一丝微笑。

他的名字叫作吉米·韦斯特，几天后我们开始聊天，我知道他是从俄克拉荷马州来的，他是一个血统纯正的夏安族（Cheyenne）印第安人。他是跟着他的父亲一起来到莫格利斯的，他的父亲是一位辅导员。

吉米可以跟其他人待在一起，听懂他们的笑话一起开怀大笑，但是不会去刻意模仿他们的样子或者让他们喜欢。他不会嘲笑我的龅牙或者叫我"大牙巴克"，小木屋里其他的孩子都这么叫我。我不确定他为什么想跟我当朋友，但是可能他也觉得我是与众不同的人；我没有模仿他说话的样子。第一周之后，他问我想不想参与几个孩子跟他父亲一起学习印第安民谣的组织。

金斯利先生那年夏天，在首轮篝火活动上向我们介绍了韦斯特先生。吉米的父亲站起来作介绍时，我的敬佩油然而生。他身形高大，比其他的辅导员高得多，还有宽阔的肩膀和发达的肱二头肌。

金斯利先生告诉我们韦斯特先生的印第安名字是Wah-Pah-

Nah-Yah，夏安族语的意思是"腿脚轻便的跑步者"。他1912年出生于俄克拉荷马州的一个帐篷里，1939年第一次作为辅导员来到莫格利斯。金斯利先生说，他是一位著名的艺术家和教师，1940年他创作了灰兄弟大厅的舞台幕布。

所以就是他创作了去年夏天吸引我的那幅画。我从未遇到过一位艺术家。而且他跟唐托不一样，他是一位真正的印第安人。我简直等不及让他当我的老师。

我们每天下午都在营地布满灰尘的图书馆见面，那个图书馆就是灰兄弟大厅一个乱糟糟的房间。那里很安静。很少有孩子会来取书。韦斯特先生让我们4个人——吉米、其他两个男孩和我制作我们夏末表演传统舞蹈的服装。

我们从羽冠头饰开始，名为罗奇羽冠（roach headress），材料是从皮革上切下来的。装饰好的羽冠从我的头顶的地方伸出一个长度，从头顶到脖子，就像是莫霍克部落的莫西干发型。我们学会了如何用钳子把一排U型金属丝穿过皮革，再小心翼翼地穿进白色羽毛的翎，然后缠上精美、多彩的线。我们会用深色羽毛装饰在每根羽毛尾部。然后在羽冠的四个角落绑上一根皮带，戴的时候绑在下巴的位置。

韦斯特先生说我们用的羽毛是从火鸡身上拔下来的，只是染成了猎鹰羽毛的颜色。他说猎鹰羽毛是奖励给勇士的战利品，但是因为现在猎鹰是濒危动物，只有印第安人才允许拥有猎鹰羽毛，而且只能用作宗教祭祀活动。

韦斯特先生跟我们一起工作，装饰着比我们用的大得多的羽毛，看上去仿佛像真正的猎鹰羽毛。他并不是在做羽冠，我不知道他准备用这些羽毛干什么。他用精致的线，把一束鬃毛固定在羽毛末端。接下来，用绿松石、银色、红色和黑色的珠子为每根羽毛的底部做了一个独特的设计。

我观察着，默默记住。这么大的一双手怎么能创造出如此小巧、如此精致、漂亮的东西，要知道我一个孩子的手还要小心仔细地推着那些羽毛免得被刺到。韦斯特先生看出我遇到了困难，他耐心地将自己宽厚的双手放在我的手上，温柔地指导我，没有说话。随着他的教导，我的手变得更加坚定。

完成头饰，我们努力制作其他部分的服饰：两个圆形的羽毛裙撑。一个小点的裙撑要绕在脖子上，包裹从肩膀到背部的位置，大一点的裙撑会系在腰上，当作挡住后面的围腰布。另外，我们又用细线把每根羽毛的羽管末端包起来。我选择了一条红线搭配我粘在羽毛顶部的红色翎。最终，我们缝了一个简单的珠饰，设计装饰在支撑羽毛裙撑的皮革圆扣上。

我们在工作的时候，韦斯特先生告诉我们夏安族的事情。很久以前他们都是农民，但是他们被迫离开土地成为了猎人。他们必须适应才能生存。他给我们讲述了夏安族的宗教。

他跟我们解释夏安族都是万物有灵论者。他们相信所有的生物和地方都有灵魂。马习奥（Ma' heo' o）是夏安族神圣的创造者，他让动物帮助他创建地球，然后才创造了男人和女人。创造了人以后，他创造的最后一样东西水牛，为夏安族提供了食物、居所、衣服。

就像基督教一样，夏安族有一个先知，叫作Motse' eove[①]或是"甜药"。他预言白种人的到来，还有马和牛，以及他们会带来的挑战。他说最好不要有一个全能的领导来面对所有这些考验。按照"甜药"的教导，夏安族创建了一个议会体系，44位首领会一起做出任何重大决定。从夏安部落各分支选出的4大首领，跟其他4位贤明的长老共同管理所有的人。

"甜药"还教导大家如果有人做错了，他们应该再获得一次机会。即使白人毫无原因地攻击了夏安族人，夏安族人仍选择了原谅并且继续试着和平相处，这是因为"甜药"的教导。跟我在教堂里学到的一样，夏安族人相信每人都应该试着成为更好的人。但是他们没有教堂，没有无聊的布道和单调的赞美诗，也没有向一个天堂的人祷告。他们跟自然说话，纯净并且简单。当时我不认为自己相信上帝或《圣经》里的故事；我不会按照教导在入睡时祷告。但是当我独自待在树林里，享受着那份沉静，感觉就像是在祈祷，对着自然祈祷。

韦斯特先生讲的夏安族故事吸引了我。他的声音低沉、丰富、不断回响，跟唐托蹩脚的英语完全不同。他用他的文字描绘的画面与那些电视上攻击居住者的可怕战士完全不同。

韦斯特先生讲故事的时候，我们继续制作服装。我们感觉腰布应该从腰部挂到膝盖，同时盖住前部和后部。我的腰布上有一只老鹰，是太阳的颜色，在血红色背景下面有雪白的闪电球。我们还在胳膊上绑上了一个匹配的羽毛臂环，还有保护膝盖下方的皮革腰带，以

---

① 夏安族语，直译为神圣的香草，是夏安族的传奇先知，甜药（Sweet Medicine）是他更重要的名字，年幼时被称为"药童箭仔"（Arrow Boy）。——编者注

及羊皮脚环。很高兴的是，他们给我们发了软帮皮鞋穿，我们不需要自己做鞋。

夏天过了一半的时候，我们开始练习舞蹈和唱歌，但是穿着的是我们营地的制服，因为我们的服装还没准备好。韦斯特先生在图书馆的窗户台子上放了一个录音机，里面播放着印第安音乐，音量开到最大，我们会在炎热、布满灰尘的集合场地里练习。有时候男孩子们会停下来看我们练习。他们看的时候，我就会注意力不集中。我会想我们在他们眼里有多么可笑，他们蹦来蹦去还唱歌，尤其是我更可笑。我不能像别人一样跟着音乐移动。我的腿不听使唤。

演出之夜终于在夏令营的最后一个星期到来了。他们在集合区域的中心搭建一块巨大的木台子，我们在那里跳舞。整个营地的人从外面进来的时候，我从图书馆窗户向外面看去，看着他们入座。篝火点起来，冲入灰白色天空的火光就像焰火一样。

我们在门前排了一列纵队。韦斯特先生从队伍前过来，给我们每个人一个他做的典礼猎鹰羽毛，解释说这些叫作勇气羽毛，是赠给对抗敌人的英勇者的。我排在队伍的最后，不停地想着外面那些"敌人"。他递给我羽毛，用深棕色的眼睛看着我，手放在我的肩膀上。"别想他们，"他说，"注意力集中在音乐上，你会做好的。"

我们穿戴着满是羽毛的Wah-Pah-Nah-Yah战帽，拖拖拉拉地走着，慢慢走进了夜色之中。录音机里的鼓声和歌声在清晰的夜空中回荡，我们开始了第一支舞蹈，缓慢地在每个人身后跺脚。我们是在后面追捕的猎人，为动物的灵魂祈祷，因为这些动物要成为人类的食物。我闭上双眼感受沉重的鼓点越来越响。我们唱歌的时候我听到了腿上的铃铛叮叮作响，我们重重地击打着光秃秃的土地。过了一会儿，我忘记了火光旁边的那些脸庞。

我们跳得越来越快。第二支舞蹈是动物之舞，我们模仿着森林里神圣动物的动作。我是一只年轻的灰狼，冲着黑色的天空嚎叫，蹦蹦跳跳着阔步往前走。然后没有停歇地我们又跳了最后一支舞蹈，胜利之舞。我是一个刚从战场上凯旋的勇敢战士。现在很难跟上音乐的节奏了，我开始喘息。但是我还在跳舞，跟其他舞者保持同步，在Wah-Pah-Nah-Yah的注视下。

随后舞蹈就结束了。营地里的人随着我们缓慢的步伐一直为我们鼓掌，我们走回图书馆换上了我们的羊毛衫和短裤。我无法判断这些掌声是真正的热情还是只是平常的礼貌。可能对于他们来说无论是否享受其中都无所谓。这是我这辈子第一次完成了一件值得自豪的事情。我从韦斯特先生身上学到了很多东西，很多难忘的东西。

第二天下午宿舍检查过后，我偷偷溜到教堂，那个夏天我经常这么做。我选了一条远路，那条路蜿蜒穿过森林，绕着营地的角落有1英里左右，很少有人会走这条路。临近傍晚的阳光斜穿过树林，随风在小路上跳跃。我缓慢地、安静地走在小路上，仿佛我是一个猎人，我听到了一只画眉鸟的颤音，接着，它的歌声的最后一个音符回响起来，仿佛是用当地的笛子吹出来的。大多数的叫声对我来说都很熟悉。我研究过这里的鸟儿。

我从教堂的侧门溜进去，坐在最靠近圣坛的长椅上。阳光洒在长满苔藓的石头和白桦林间。虽然我不相信上帝，但感觉上帝就在那里。

我非常努力地跟着韦斯特先生工作，但是没有得到勋章。为什么他们不给印第安民歌授予勋章呢？谁决定了哪个活动可以获得勋章？为什么印第安民歌不如像网球那样的"行业"重要呢？在我看来这完全没有道理。

韦斯特先生跟其他辅导员完全不同。他的动作和话语都很温柔和专注，似乎不想费一点力气或呼吸。跟他在一起我感觉非常不同，更能做我自己了。吉米也从来不会大声说话或者令人厌烦，就像大多数男孩那样。他像他父亲那样从容不迫，对于自己很满意，而且能够接受我。

但是无论我从他们身上学到了什么，无论我与他们之间的联结是什么，我都没法带回家里。我无法想象父母会想要看我跳夏安族舞蹈。我连穿上服装都会感到太过尴尬，因为腰布前边和后边都带着薄薄的白色羽毛布。吉米和我探讨过夏安族对自然的崇拜，以及对我来说有多么重大的意义，但是我不能告诉我的父母我不想周日跟他们一起去教堂，我宁愿待在森林里。他们不会明白的。而且他们一定会让我去教堂。

吉米说他和父亲明年夏天不会来了。离俄克拉荷马太远了，旅程的时间太长了。我们说要保持联系，但是我怀疑我永远都不会再见到他或者听说他的消息了。

一只画眉鸟在附近的树顶上歌唱，森林里充满了它甜美的歌声。我知道明年夏天我一定还会来。虽然融入这里很难，但是有一些东西让我感觉我属于莫格利斯，这是我在学校从未有过的感觉。也许下一个夏天，我会长得更加强壮和自信，就像吉米一样。

在莫格利斯的第四个夏天末尾，我加入了几乎所有的营地里非凡的活动和体验——自然研究、气象预报、露营技能、戏剧、木工、艺术和手工，这只是其中几个。我首次参加了摄影课，写了关于营地旅程的几篇文章，还在营地的纪念年簿上写了一首文笔稚嫩的小诗，叫作《嚎叫》。当我需要独处的时候，教堂的魔法还在召唤我。

我成了一个杰出的游泳健将，是营地里少数几个能完成"双次全程往返"的人之一，这是一种在湖里游出一英里到一块距离很远的石头再游回岸边的比赛。经过训练，我用22口径的来福枪能完成很棒的射击，在来福枪训练场取得了美国步枪协会的进步奖章，但是还不足以得到勋章。我通过了划船和皮划艇安全考试，我可以独自划船去湖里了。能够尝试很多新东西的机会就是让我不断参加营地的一部分原因。莫格利斯跟学校完全相反，学校每一年都会让人感到更加无聊，限制更多，压力更大。一年的9个月都是灰暗的。但是夏天的8个星期，我的生活都是在七彩世界里游历。

我会整天都在快速流淌的河水里划船，穿过微风吹过的湖面，有时候沿途抓鱼。在早上吃在噼啪作响的篝火上烤制的新鲜的红点鲑鱼和煎培根是我的最爱。我会在新罕布什尔北边的怀特山脉远足。有些日子，我们会在阳光里沐浴，在暴露的山脊中跋涉好几个小时，寻求一阵微风；其他日子里，我们会在狂风中挨冻，在斗篷下抱成一团，等待风暴结束。但是我已经成长了，在森林密集又沉默的野性中感到欣喜，我们从高耸的山坡爬上去，最终突然来到山顶光秃秃的岩石上，湛蓝的天空下是绵延不绝的山脉，形成勾人心魄的美景。

我学会了清理道路、装载和背上沉重的背包、搭建帐篷、点燃篝火、生火做饭。有一次我在晚餐后削棍子的时候把大腿割得很深。我只能咬紧牙关，泪水憋回肚子里，但是我想出了止血的方法，这样别人就不会知道了。我膝盖上面那个月牙形的白色伤疤至今仍在。

我还学会了自己不擅长的事情。我缺乏作为一个熟练弓箭手的力量，我对于木工所需要的一丝不苟缺乏耐心。

我从来没有参与过营地上到处都是的常规比赛，太像吉尔曼和艾文的运动要求了。有垒球、抓旗游戏、战争游戏、钉马掌，还有一直进行的比赛，比如哪一间小木屋在每日检查中最干净。如果在角落发现灰尘，衬衫或者毯子没有仔细叠好都会扣分。有时候特别烦人的辅导员会突然戴着白手套出现，检查灰尘。

每年夏天结束的时候，辅导员们会把整个营地分为红队和蓝队，一个星期内我们的身份会用额头上绑着的头带区分。整个星期都充斥着欢呼、游行、集会、站队和标语——这一切都是以牺牲另一个团队为代价的——但是团队赛艇比赛让竞争达到了高潮。营地会分为两个7人团队来乘坐木船，这些船是为没有经验的划手特制的带有高船舷的船，可以在湖里滑行。我们以小木屋为单位进行练习，根据划船能力把我们分为四种类型，由低到高是第三等、第二等、第一等和参赛队。第四年，我被选进了第一等。我厌恶比赛的压力，讨厌"一桨没划好"的担忧——我把船桨放在水里的位置过深，导致抬起和放下的速度不够快，会把整个船的节奏都打乱了——而营地里的其他人却在一旁看着。

回忆起来，我们输掉了那场比赛。但是我在即将60岁的那年夏天重新开始划船，独自一人出行。那年有6个月的时间，我在我的湖边一个小房子那里，每天早上几乎都划船，那个房子距离莫格利斯的路程不到一小时。我热爱在湖面上滑行的感觉，就像一只轻轻跑动的虫子，我总是试着提高我的技术。我更喜欢跟自己竞争，不想要也不需要观众。

第一年暑期带我们见识过各种行业之后，我们的精力都转向了赢得勋章。就像是荣誉勋章，是童子军在10年后研制的，勋章就是在某个特别项目达到某种熟练程度的证明。所有的成员都至少要赢得两个勋章才能从丹那里拿到毕业证，丹是最大的队员住的木屋。它们同时也是成就的公开展示。赢得的勋章会由营地的裁缝女工缝到我们戴的灰色童帽上，一路戴着回家：绿色的是露营勋章，银色的是划船勋章，红白蓝相间的是来福枪勋章，黄色的是网球勋章，棕色的是徒步勋章，红色的是皮划艇勋章，金色箭头是射箭勋章，黑色的是艺术和手工勋章，等等。

想要获得勋章并不容易。可能需要好几个夏天的很多活动周期，仅仅才能拿到一两个。比如，想要获得绿色的露营勋章，你必须要：熟练运用各种营地炉灶；在雨里搭建篝火和点燃火苗；用地图和指南针在野地里寻找方向；找到可食用的植物；辨识不同的云朵形状预测天气；学会打绳结和急救。然后你必须制订一次旅行的计划，成功地完成一次单独过夜的探险，只能带着最基本的装备：斗篷、一些绳子、火柴、水和一点食物。

从第一个夏天开始，我就被赢得这些勋章的想法吓到了。糟糕的学校成绩并没有帮上我，我仍然认为自己是不协调的。但是跟我应该在学校参加的测试不同，我总是认为这些挑战是值得的。我想去尝试。

我不确定我为什么要努力获得橙色的伐树人勋章。这是公认的最难获得的勋章之一，我还没见过任何一个男孩的帽子上有这枚勋章。但是可能跟教授这项技能的人也有关，科罗内尔·奥尔科特·法拉·埃尔韦尔，是之前营地的负责人。几年前他从营地负责人的位置退休，但是人们经常看到他高大、笔直的身形，满头白发，大多数时候都在营地附近溜达，经常会停下来跟营地成员或辅导员热切地聊天。他住在一个营地球场对面的白色小房子里，他给这个房子命名为北极星。我第三年在营地跟着他一起去森林的时候，他已经七十多岁了。

那个夏天大多数的午后，我和科罗内尔会从营地穿过马路，徒步走到森林。他跟其他高级辅导员一样穿着带着蓝色口袋的灰色羊毛衫，但是其实他比别人要年长好多。因为多年的阳光照射，他的脸变得干瘪且布满皱纹。他深棕色的眼睛传递出一种深沉和耐心，让我想起了韦斯特先生。他看着我的方式让我感到受到尊重，虽然我并没有做什么赢得这种尊重。

首先，科罗内尔教会了我如何在森林里安全地使用斧子，抓住刀锋和把手之间的斧颈处，把刀锋冲着身体外部，斧柄笔直地朝向我的前方，因此就不会被灌木丛缠住。他教会我拿到一把新斧子的时候要磨一磨斧子的尾部。用这种方式去砍，斧子就不太可能会断裂。

然后他教会我如何让斧子变得锋利。他解释说斧子越锋利，你越不会受伤。斧刃发钝的斧子会弹回你身上。变换着不同的边，从斧子的尾部向刀刃发力，磨掉不可避免的痕迹，做出一个漂亮的边缘。

起初当你把斧子往下压的时候薄薄的斧柄会嵌入你的手掌，但是当你学会了怎么抓握以后就不会那么疼了。接下来就是磨刀石：你要从上到下，以缓慢打圈的方式用沾油的石头磨。尽量每次开始的时候都要先这样非常辛苦的磨斧子，但是我喜欢看到自己的斧子那么锋利，有时候锋利到都能把一张纸劈成两半。

学习如何让一棵树倒下的时候不去碰倒树林里的其他树木也十分困难。一开始你要砍出一个V字型，在你想让树木倒下的地方要多留出三分之一的位置。然后你在另外一边继续砍，但是要高出一英尺。砍出第二道刻痕能够引导树木倒下。有一次或者两次，一棵树不会按照我的计划倒下，树会被其他树支在另一边，但是科罗内尔从来不会恼火或者不耐烦。他教会我如何根据树木折损的地方判断出是哪里出错了。

接下来就是伐木。我学会了要从相反的一边砍掉树枝，永远不要与我站的同一边，因为这样可以在斧子的刀锋和我之间留出空隙。

然后就要把一棵树砍成两英尺长。你要按照45度角，在树身上砍出大小合适的痕迹。你站立的方式要考虑到如果不小心没有砍到树，斧子不会砍到你的腿，还要小心土里面藏着的石头。一棵树接一棵树砍着，我的双手都是汗，手掌变得粗糙，布满水泡，不过很快就会变得坚硬。

最终一步就是劈柴，是我最喜欢的步骤。科罗内尔教会我，在树还很青翠的时候劈开要比干掉之后砍更容易。用这种方式砍一棵刚伐的树能够完美地砍成两半，就像是被雷劈开一样。但是你要判断出从哪里开始砍，你需要有一个很好的目标。如果砍错了，可能还会砍断斧柄。

我的双手和后背都因为夏天长时间待在树林里而感到疼痛。小虫子会飞进我的眼睛里。咸湿的汗水从脸上流下来，干紧的嗓子会呛得我直咳嗽，视线模糊。但是我喜欢斧子砍在树上发出的重击声，看着树片飞起来，我旁边砍好的柴堆越堆越高。我喜欢科罗内尔温柔的教导，我砍对的时候他露出的笑容。我永远都忘不掉他最后一次测量我整个夏天积攒的那堆木头的那一刻，他喜气洋洋地说："恭喜，你获得了你的橙色勋章。"

我加入营地的时候，他们就介绍过韦斯特先生，他告诉我们关于他的部落时，我就知道他是谁了。因此在20世纪50年代的时候，学校课程过于无聊，我很想了解一种不同的充满活力的文化。但是我对于科罗内尔几乎一无所知，除了金斯利先生告诉过我们他在莫格利斯前几年承担的职责外，我不明白我们之间的化学反应。我的父母卖掉农场之后，我们搬到了巴尔的摩的郊区，选择伐木手艺对我来说就像学习印第安文化一样没什么意义，但是我坚持跟他学习。为什么？六十多年以后，我很好奇，想要了解关于科罗内尔更多的事情。因此我跟尼克·罗宾斯联系，他是时任莫格利斯的主任，他邀请我在2017年6月营地当季开放前再次参观莫格利斯。

我开车去营地的那一天，是一个明亮、清风拂面的夏日，那种日子就是我当时作为一个营地学员总是兴奋地起床的日子。我来到食堂的时候，尼克热情地朝我打招呼，我们跟四十多位辅导员和员工坐在一起吃午餐，员工们坐着的野餐桌和椅子就是我当时狼吞虎咽吃掉很多顿饭的地方。食堂有低矮的木质天花板，齐腰高的松木墙壁，周围都是窗户，一点都没变。然而变化的是现在有女性辅导员了。我其实希望他们能加入一点温和性和人性化的影响，中和一下我当时所在的时候营地因为全是男性的过剩男性激素。

尼克负责户外生存，他的栗色胡子修剪得很整齐，身材健硕。他说自己一辈子都在从事夏令营的工作，作为一个营地负责人、辅导员，过去5年他都是莫格利斯的执行总监，在他的领导下，学生人数翻了一番。

吃过午饭，我问他们我是否可以去小教堂走走。我怀疑那块地方是不是还是我记忆中的神秘之地。但是这次我不会像以往那么多次是一个人过去。尼克和吉姆·哈特（毕业成员的联络处主任和非官方营地历史研究人员），他们想要陪着我一起去，了解更多关于我的营地记忆。经过灰兄弟大厅和休憩小木屋，我几乎能看到一个年轻的自己从眼前跑过，迫不及待地跳进湖里。

就像以往一样，小教堂的拱门在正午阳光柔和的阴影下静默着。空无一人的座椅召唤着我在一片安静中坐下，倾听并让往事过去。但是我不能继续逗留，今天不行。我知道尼克和吉姆的时间都很紧张。

走回山里的时候，吉姆问我："你在营地的伙伴们是谁？"

我尴尬地笑了笑。我怎么解释呢？"我整个夏天都在跟韦斯特先生研究美洲原住民民歌，还有他的儿子吉米，当年他在这里的时候我们是朋友。但是我对科罗内尔·埃尔韦尔的记忆最深刻。"我回答。

"如果你需要的话，我可以给你发送一个科罗内尔论文的链接。"吉姆提议说。

论文？对于他的身份我只知道他是营地的上一任主任、伐木老师，他是一个声音洪亮、笑容温暖的睿智的老人。

实际上，科罗内尔·奥尔科特·法拉·埃尔韦尔是教育批评家，有远见卓识，与我志趣相投。他是弗兰克·艾德文·埃尔韦尔的儿子，他父亲是一位雕塑家和博物馆馆长。他的母亲是莫琳娜·玛丽·希尔德雷思，他还有一个双胞胎兄弟布鲁斯，1886年出生于马萨诸塞州的剑桥市。奥尔科特这个名字是以他的教母罗伊莎·梅·奥尔科特的名字命名的。孩子们小时候大部分时间是在欧洲度过的，但他们及时回到剑桥，在那里的公立学校完成了初中和高中的学业。

1905年，营地成立两年后，奥尔科特·埃尔韦尔被莫格利斯的创始人伊丽莎白·福特·霍尔特女士雇用，成为了助理辅导员。50多年来，他几乎每年夏天都会回来。1914年他成为了莫格利斯的副主任，1925年成为那里的主要负责人和主任，第二年霍尔特女士去世了。

他在1906年考上了哈佛，但是花了整整11年才完成本科学业，因为他不得不总是请假去挣钱以继续学业。这些年里，他在怀俄明州的地质考察队中做过厨师，做过护士，当过汽车维修工，还创办了一所男子学校。1917年他进入军队成为一名军官，在第一次世界大战期间训练新兵，然后他回到了哈佛教育学院研究生院，1921年取得硕士学位，1925年取得博士学位。

他的博士论文题目是《夏令营：教育中的新因素》。和霍尔特女士一样，科罗内尔非常担心城市化逐渐加剧的影响，以及失去跟乡村生活的联系对孩子们的影响。"那段时间，城市从乡村吸纳人口，从社交、精神、身体到外表都在限制个体。农场大面积消失从某种程度来说摧毁了个人教育成长阶段的一些机会。"他写道。埃尔韦尔把这个日益兴起的建立"开放式学校"的运动当作19世纪新英格兰超验主义运动的逻辑延伸："爱默生和梭罗为一代甚至两代之前的成年人所做的事，正是今天男童子军、女童子军、篝火女孩、木工联盟为今天的孩子们所做的事。"

他不支持因为审美和精神的原因"回归自然"，他对于把夏季营地建成学校停课时孩子们的娱乐地方毫无兴趣。相反，埃尔韦尔非常担心20世纪的学校教育对孩子们的影响。他争论道："教育有一个趋势，就是要教给大部分孩子一种有局限的视野，甚至是一种失败而不是成功。参观一些公立学校并且观察，20%的孩子正在学习如何成功，80%的孩子的学习正在受到限制，看到自己不能做的，而不是自己能做的。"

更吸引我的是，他把现在这种"为大学准备的"高中课程以及高中倡导的讲课方法，都归为主要原因。"学校受到了大学需要的限制，"他写道，"即使是对那些完全不准备去大学的人来说也一样。"埃尔韦尔相信，就像我一样，特别抽象的学术课程不能为大多数学生找到有意义的工作、终身学习或者成为积极主动的市民做好准备，也不能让学生们对世界保持好奇或者发现他们最深切的兴趣。

美国高中学习课程主要是在1894年创办的，发起的组织名为十人委员会，主席是哈佛大学校长查尔斯·艾略特。这10个人宣称所有刚入学的大学生都应该在规定时间内完成特别的课程。他们对教育的评估称为卡耐基学分。一个卡耐基学分就是在规定课程上的"出勤时间"，大约是一个教学年度120小时的课程。这个体系直到今天都没有变，学生必须获得18—24个卡耐基学分，每个州的数字都不同，只有这样才能从高中毕业。

然而，光是达到规定数字的卡耐基学分并不足以让孩子们进入大学。学生在一个班级的分数应该代表他们在课堂上的表现，学生的平均分和班级排名是衡量他们与同龄人相比表现如何的标准。这些数字构成了典型的高中成绩单，这是被美国几乎所有学院和大学考虑录取的必要条件。

为了建立这个体系，十人委员会成立了一种学术"奖学金"，只能让很少一部分学生成功。这种典型的钟型曲线分数体系，对于学生之间的竞争很有必要，能够把学校的学生分为少数成功者——A类学生和其他人。那些拿到比较低分数的人经常感觉自己好像欠缺了什么，要么是懒惰要么是不够聪明，有时候两者都是。埃尔韦尔对于这种体系对青少年的影响很担忧。他认为大学预科课程的"专业要求"偏袒了少数学生，而在大多数学生中造成了"自卑感"，这是一种"对社会的损失"。

但是科罗内尔不仅仅是因为教育体系中的改变而烦恼。跟其他20世纪20年代的社会批评家一样，他非常反对激烈的竞争，还有那个时代标志性的以一心只想赚钱为主流的生活。他问道："在阴影变得更深之前还能否给文明的人类带来合作意识？"他争辩道："人生中的一种需求就是对于个人成功的一种新的观点——从索取到给予。"

埃尔韦尔表明，对日益激烈的竞争和自我为中心最好的解药就是玩耍。正如我20多岁从让·皮亚杰的《儿童道德判断》一书中读到的，当孩子们一起玩耍的时候，就会产生一种"公平游戏"的心态，他们会变得不再自我。与此类似，埃尔韦尔也说，"人类会变得更加团结，因此成为玩伴，转向更好的合作……拥有成熟游戏的教育时代即将来临，这是人类生存道路上的一个里程碑，人类第一次有呼吸的空间"。

在我自己关于发展年轻人创造性解决问题和为创新时代更好地准备的研究中，我已经探索了游戏、热情和目标的作用。追寻一个目标——无论是社会的、审美的还是科学的，我意识到的就是一种自律的成年游戏。教育的一个目标必须是鼓励在学校中的一种游戏，有机会去尝试新的事物和探索兴趣，这样年轻人才能发现他们的热情和目标。如果没有开发学习的内在动力，教育就会仅仅是记忆和枯坐的时间，对年轻人走入当今的世界毫无用处。

在埃尔韦尔写论文的时候，谢伍德·道奇·谢克兰德被任命为国家教育协会学校监督管理部门的第一执行秘书长，他要在那里工作25年（1937年该机构改名为美国学校管理者协会）。在哥伦比亚大学的一次演讲中，谢克兰德声明"教育的目标有四个要求"：

1. 知识是为了现在的需要。

2. 知识是为了适应改变。

3. 关于他人观点的知识。

4. 唤醒灵魂的知识。

"当然，至少有三样知识是通过夏季营地的生活比在学校要学得更好。"埃尔韦尔说。

平心而论，埃尔韦尔发问，在工业化时代带来的改变中，教育的目标是什么？我们怎样能够更好地实现这个目标？我一生的大部分工作都在尝试回答相同的问题，但是在创新时代到来之际，互联网和其他技术的出现加速了变化。科罗内尔发现了一个非比寻常的答案，至今仍然在我脑中回响：

> 夏令营打破了教育是精神纪律的印象；除非那件事非常有难度并且抽象，否则就不是教育。不是我们学到了什么而是我们使用了什么才构成我们的能力，夏令营就是帮助我们创造能用的能力（这是我的重点）……夏令营不是教育的辅助，夏令营就是教育——正如儿童的生活不是为了未来某个时刻做准备，现在的时光就是全部的生命。

越来越多的教育者开始认识到通过高效的培训和发展可用能力的机会，孩子的潜力能得到极大的开发，他们通过教室里的项目，应用所学的知识。卡罗尔·德韦克是斯坦福大学的心理学教授，他形容这是一种"成长型思维"，这种想法就是我们都能通过努力提高，我们的能力也不是一出生就决定了。安杰拉·达克沃思是宾夕法尼亚大学的教授，她表明"坚毅"就是坚持、毅力、自律和好奇的结合，要比过时的IQ测试对成功起到更为重要的作用。综合这些因素，这两种想法都在重塑全球的课堂。学生应该学会努力要比能力更重要，他们"坚毅"的肌肉也会通过得到他们认为值得做的任务不断加强。当他们学会要工作更长时间、更加努力工作，实现之前认为不能实现的目标时，他们就会感受到自己的成功，这会极大提高他们的自信，并且强大自我。教师的工作就应该是增强这种潜力，而不是浪费时间帮助学生准备内容过时的考试，然后再通过比较判断每个孩子的成就。

埃尔韦尔一个世纪以前就发现了这些真相。他解释说他开办"开放的学校"就是要教会孩子们：

1. 成功的期待。

2. 无惧的展望。

3. 不灭的希望。

4. 看穿一切的欲望。

"很遗憾这些都不是规定的课程，"他带着明显的遗憾说，"但是在每一页规定课程的后面，它们的出现或不出现都会决定结果。"

在结尾部分，科罗内尔允许自己使用学术的语言描述：

> 开放的学校是一所存在简单和原始现实的学校，在学校里的成长，社会理想和合作都会加倍，从而更好地理解自己。能够简单地看待并且审视自然本质的孩子能够真正理解生命之书——这就是教育。

回顾一下，我在莫格利斯度过的夏天绝对是教会了我"看到自然的本质"。同样重要的是，我现在意识到，当年夏令营强调赢得勋章作为提高熟练度的证明，还有童子军的荣誉勋章体系，都对我在21世纪获得高中文凭的愿景做出了重大贡献。我认为高中毕业证不应该是卡耐基学分的集合，应该是技能熟练的证明——收获了需要

的技能和荣誉勋章，学生通过展示在必要技能和内容领域的熟练程度
而获得。

比如，相比记住化学元素周期表，或者生物学中的域、界、门、纲、目、属、种等等——会改变的信息或者能在智能手机上查到的信息——我认为学生应该展示他们在使用科学研究方法上的熟练程度。所有的高中生，无论是独立工作还是团队合作，都应该要求他们提高假设、设计和做实验验证的能力，分析并且呈现结果。唯一的分数体系应该是学生展示出这种熟练程度就能够给他们一个学分。

为了赢得奖励我的橙色勋章，我从来没参加过关于斧子历史或斧头各部分的限时多项选择题测试。不会因为我的树没有按照预计倒下就扣分，我的成绩也不是按照钟型曲线排列。没有失败，只有从实践和错误中不断学习。我只是不断努力，直到我达到能够获得勋章的表现标准。我必须要展现出科罗内尔·埃尔韦尔所讲的"能够使用的能力"。最重要的不是你知道什么，而是你能够运用已知做些什么。

科罗内尔没有假设自己能够改变学校教育的本质。相反，他的策略是公开声援公费夏令营，让所有的孩子都能参加郊区的夏令营。他认为这样的项目可以弥补几个月的室内教育的不足，"减少少年法庭、警官和少管所上万美元的费用"。他们可能已经意识到了，但是他的夏令营一直没有建立起来，至少不是系统性地建立。

正如科罗内尔的远见不能从根本上变革教育体系，莫格利斯的经历也不能弥补我在学校的经历。作为一个营地成员，我无法意识到我从韦斯特先生和科罗内尔先生身上学到的是重要的人生课程。夏令营不是学校；我没有参加考试，也没有分数，我怎么能是在学习东

西呢?

　　但是我确实是在学习。韦斯特先生激发了我对另一种文化的深切欣赏,之后在我人生中转变为去旅行并且要去学习人类学的渴望。无需语言,他教会了我跟别人不同是可以的,并且要认同跟我不同的人。同时他还让我用一种全新的方式思考宗教。

　　跟科罗内尔在树林里一起工作,我学会了坚持实现自己设定的目标,并为此感到自豪。我第一次感受到发展真正的技能和掌握技能的意义。他是不是说过一些事情,推动我去实现跟他相似的使命呢?这是一个困惑我的问题。

　　总体而言,我在莫格利斯学到的课程没有逾越我是一个失败者和局外人的挫败感,这是我一整年的其他9个月学习的主要课程。夏天8周的时间根本不够。但是,我在莫格利斯度过的时间让我有种可能性,包括我自己和我的学习,否则我根本不知道还可以这样。直到很多年后,上过几所大学,我才发现实践和书本学习是同时发生的,知识的理解既在头脑中也在心中。

追寻个体的真正意义

我真的不明白为什么我们只学习国王和他们的战争。我们为什么不学习普通人是如何生活的呢？

兰道夫－麦肯学院是弗吉尼亚州坡敦克市边上的一所小型男子学院，旧时联盟首都里士满向北驾车行驶一小时可以到达。那个小镇没什么值得注意的地方（实际上它叫作阿谢兰德），校园不过是几座旧砖瓦盖起来的楼房，中间由人行道相连。教学楼、草坪、树木都在炽热的夏末阳光下歪歪扭扭。有一些宿舍楼，比如说我住的那一栋还稍微新一些，但它们的样貌就像一个破旧的单层汽车旅馆，坐落在尘土飞扬的乡间小路上。周围没有森林或者田地可以去探索，只有几亩长着枯萎蒲公英和螃蟹草的草坪，上面零零星星有几棵失去生机的树。那个地方贫瘠又荒凉。

我去上大学的唯一原因就是我认识的所有孩子上完高中都是这样做的。这是什么理由？但是还有什么别的选择呢？我父亲告诉我，其他选择就是参军或者去加油站工作。

我以为大学会不一样，会有激发人思考的研究和探索式的讨论。但是不是这样的，只有毫无生气的讲座，一个接着一个，为了考试你要记一大堆东西，大多数都跟我在高中课堂上记忆的内容一样（但是我在高中也没有记）。我无法安心学习。任何事都不能引起我的好奇心。任何事都不能让我想要学习。

我想象的大学是一个社交活跃的地方，我会遇到很多有趣的人。又错了。我盲目地选择了单一性别的学校，还在一个乡土气息浓重的小镇，因为我根本不知道如何调查学校就随便申请了几所。没有人告诉我。就像在艾文中学一样，来到兰道夫－麦肯学院上学的基本是有体育特长的孩子。在大一体育课上我们进行了一系列的体能考试，我当时基本是处于班级排名前列，教练看了我的成绩问我要不要尝试参加校队的选拔，但是我不感兴趣。

我谢绝了兄弟会。我去了好几个派对，看着那些家伙喝了好多"淡啤酒"——里面含有3.2%的酒精，但是他们只在小镇卖这种饮料，我还听了海滩男孩演唱的《在美国冲浪》。

我曾花了很多时间跟希灵中学的爱德华兹先生学习写作，我开始有成为一个小说家的想法。但是我在新生第一年的英文写作课上就得了一个F。我引用了一句梭罗的话："我们的生活就是在细节中不断消耗。"我列出了在历史中学过和忘记的事实作为例子，还有人们在晚餐桌上进行的肤浅对话。我简直不敢相信格林伯格夫人写在我论文上的评语："你的说明文写作太糟糕了。第一段简直无法让人读下去。读的过程简直太无聊了，显然作者在写的时候也是这种感觉。"

"格林伯格夫人，你的英文课程简直无聊得让人不敢相信，就是在消耗我的生命。"我想回击，但是我最终放弃了。

感谢上帝，布莱恩和朱迪出现了。没有他们，我无法独自度过那么长时间。布莱恩是大二的学生，高高瘦瘦，下巴上长着凌乱的山羊胡子，朱迪是他的妻子。我在艾文中学的舍友在前一年跟他们成为了朋友，我一上大学他就把他们介绍给我。他们住在我的宿舍对面，那里有几间房子是为学生夫妻准备的。朱迪说话时带着甜美的南方长音，随和的笑容，她是一个非常棒的女主人，总是邀请我去吃晚餐。

布莱恩对于民谣充满热情。他弹吉他，还参加了竖琴的课程。他向我推荐了皮特·西格、织工乐队、卡特姐妹、密西西比·约翰·赫特、戴夫·万·伦克、伍迪·格斯里。还有他最近刚刚迷上的一个年轻人：鲍勃·迪伦。

我不喜欢迪伦的嗓音，听上去好像是在用鼻子唱歌，但是那些歌词简直就是诗歌。在布莱恩和朱迪家里吃完晚餐，我们会坐在他家客厅的地板上，喝着廉价的酒，听音乐。当他们播放《变革的时代》这首歌时，引起了一场激烈的讨论。马丁·路德·金牧师大多数时候都会登上晚间新闻，《民权法案》刚刚通过，该法案规定在就业和公共场所实行歧视为非法。我认为那是一种真正进步的象征，但是布莱恩非常反对。他指出，3位年轻的民权工作者——迈克·谢维纳、詹姆斯·钱尼和安德鲁·古德曼——都在今年夏天遭到了三K党徒的谋杀。布莱恩在弗吉尼亚州的乡村长大，他说法律不会改变人们的信仰和行为。

《大雨将至》很快就成为我最喜欢的迪伦的歌。一位母亲问她的儿子他去了哪里，他描述了自己在路上遇到的所有谎言、伪善和不公平。那天晚上，我第一次听到这首歌以后又听了20次，我想起有一天跟我母亲在一起，我们很快就从农场搬到了巴尔的摩郊区的房子里上高尔夫球课。我跟她一起去送一些要洗的衣服。

她把车开上了一条坑坑洼洼的小路，旁边堆着很多杂物，路旁是低矮、杂乱的木房子，歪歪斜斜地耸立在煤灰砖头上，护墙板上的油漆已经褪色了，屋顶上铁皮已经开始生锈。走到一半的时候，我母亲把车停在这些矮小的房子前，等了一会儿，然后按了喇叭发出一阵嘟嘟声。一个白发的黑人老妇人，从一扇破旧的门里走出来，脸上布满皱纹。她走过来从我们的车后座上拿走了沉重的装衣篮，里面满满地堆着脏衣服。"下周一就能洗好，女士。"这是她说的唯一一句话。母亲点点头。

在街对面，我看到一些跟我差不多大的孩子们在四处踢球。他们穿着破旧的T恤，上面满是汗渍。有一个男孩转头盯着我，虽然车里很热，我还是把车窗摇上来，一直盯着自己的膝盖直到我们开走。

我不知道自己为什么要看着别处，也不明白我怎么能那么安静地坐在那里，没有跟母亲说一句发生了什么。现在我思考这件事，作为一个大学生，脑海里回响着迪伦的歌曲，我的脸颊烧起来了。我生在一个白人社会，有各种优势，我对于很多人的生活一无所知。离我们山上的大砖瓦房那么近的人怎么能那样生活呢？为什么在那一年晚些时候，我听到学校的有些孩子说黑人不能上我们的学校，我什么都没有说？

听着音乐，晚上跟布莱恩和朱迪聊到很晚，我开始对周围的世界觉醒。从晚间新闻上，我看到民权运动人士从烧着的公交车上被拖下来暴打，警察驱赶和平倡议人士。我审视着这些发生的事情，就好像是从一列移动的火车车窗上看到一切。但现在，只有电视画面和音乐歌词包围着我们。我意识到自己来到一所只有看门人才是黑人的大学。我父母去的教堂里没有黑人，他们打高尔夫的乡村俱乐部也没有黑人。真正的贫穷距离我的房子只有半公里的距离。我突然感觉到非常迷惑，而且不对劲。

我为什么要费劲地去参加那些我一个字也不会听的讲座，然后一个晚上接着一个晚上拖延着不去完成那些任务呢？我为什么还要假装学习那些成年人觉得非常重要，但是其实对我来说并不重要的事情呢？上大学的意义究竟是什么？是为了让我准备好去做一份普通的工作，比如成为一个律师或者银行家或者商人吗？那些事我永远不敢想象自己会做。

布莱恩说他想过退学，即使他已经大二了。上大学不能帮助他成为一个民谣歌手，也不能帮我成为一个作家。我需要的是了解真实的世界然后写下来。12月了，我可以去一个温暖的地方，也许是佛罗里达？

我制订了一个计划，带着青年人的急躁和冲劲，想去做一些有意义的事情。我会退学，去南方登山，找一份工作，写一部小说。

住在罗德岱堡海滩酒店后面拥挤的宿舍，这并不是我逃出兰道夫－麦肯学院时想象中的生活。他们从我的薪水中扣掉了住宿的费用，我得到的只是一个嘎吱作响的上铺床位和行军毯子。但是我一直在做客房服务员赚钱，同时还能从厨房搞到食物，因此还有一些节余。我每天晚上都有时间写作。虽然只是用手电筒照着写日记，但是经常写作是兑现我跟自己许下的承诺，我退学的时候跟自己许下了这个承诺。这能让我的希望鲜活起来，也许将来我能成为一个作家。

一个月以后，我大概攒够了买一辆二手的雅马哈80cc摩托车的钱。我自由了。休息的时候，我会绕着罗德岱堡周围骑车，感觉微风轻拂，和煦的阳光照在脸上。我经常在忙碌的码头闲逛，看着人们在码头穿梭，高大的起重器从货船上把来自全球各地的货物运下来。某天我会出海，但是是在一艘小渔船上，搜寻马林鱼、旗鱼或者是穿索针鱼，就像是海明威书里的那个老人。我渴望过上想象中作家的生活，有那些经历和冒险。

我经常在酒店前面的海滩上散步。这是我新的"派尼泂游"河，我在森林里的小教堂。我喜欢追着海浪退潮离开沙滩的边界，感受着我裸露的脚趾下面潮湿的沙子。然后，当下一个浪头袭来时，海水在我脚踝周围打转，又变成泡沫退出去。太阳带着微弱的橘色光芒照亮灰色的天空，我缓慢地散步走回宿舍，想把那个时刻记录在我的日记里。

一月末的时候，我对宿舍生活特别绝望，厌烦了还要讨好酒店经理与粗鲁难缠的客人。这不是我退学要过的生活。我总是要赶去一个地方，具体是哪里我也不知道。

我在廉租区发现一家小咖啡屋，没有夜班的时候就会待在那里。我在后面租了一间房间，在皇家城堡的特许经营店找了一份低收入的工作，每小时净赚92美分，但管饭。但是最让我无法忍受的是他们会从我的薪水中扣除"制服租金"，我得想个办法让可怜的薪水撑多点时间：我愿意去上10小时夜班，晚上8点开始持续一整夜。这样我一日三餐中有两餐就能解决了。

记不住吃的是什么。这里的特色菜是一种烹饪过度、跟纸一样薄、油腻腻的馅饼，外面包着松软的白色面包，装饰着芥末、番茄酱和酸黄瓜，还有你能想到的酱料。顾客吃这一餐要花55美分。加上一杯城堡咖啡或者白桦啤酒，旁边摆点薯条，你就可以是半小时的国王或者王后，如果你拉长这顿饭的时间，可能还会更像。很多人都这样。整个晚上，衣衫褴褛的白人、黑人和棕色人种的人拖着沉重的脚步走过门口，那些都是我可能永远不会见到的人：酒鬼、妓女，还有翻遍了口袋才能找到足够的零钱支付微不足道账单的人们。

每次换班的清晨，我总是缓慢地骑着摩托车回到我的房间，冲洗掉一夜的疲倦，瘫倒在没有整理的床铺上。我完全没有精力写作。我会在下午3点起床，在街对面的小酒馆点一杯咖啡和一份甜甜圈，然后再缓步走回店里，希望我能去别处，任何地方都可以。每周6天。这不是作家的生活，这简直算不上是生活。

我浏览着招工的广告，直到有一份工作吸引了我的眼球。有个人在招聘能在他的65英尺长的渔船上为他工作的人。带着激动的心情，我打了电话。他告诉我这艘船在干燥的码头，船身的铁皮需要晒干和重新铲刷。开始时他愿意1小时支付1美元55美分。"开船以后，能考虑让我成为船员吗？"我问他。我还是有出海的梦想，追寻和捕捞的经历非常值得描述。"没问题，没问题，那是肯定的。"他说。当天我就向酒店提交了辞呈。

当我到达他给我的地址时，看到一艘生锈的船，翻转过来架在木板上，褶皱的部分已经掉漆了。没有船舱，没有甲板；只有铁皮船身和船的龙骨。

"就是这艘船吗？"我问道，想着我可能犯了个错误。

"是的。"

他领着我爬上边上的梯子。从顶上向下看，我看到这艘船的内部结构已经被侵蚀了，船内部布满了脚手架，电线上挂着几只灯泡，光线暗淡。他解释说我的工作就是把船壁上厚厚的铁锈刷下来。他告诉我储存物资的地方在哪里，然后就开着奔驰敞篷车走了，答应我会时不时来看我。

开始的几周，我确实只做了一点工作。但是我铲下来的越多，铁锈似乎就越多。我躺在脚手架上，经常还能小睡一下，隐约听到敞篷车的轮胎碾过碎石路的声音。4月的一天，船主又发现我在睡觉。我告诉他我被烟熏到了。第一次他相信了我的借口，但是第二次就不再相信了，然后我被炒鱿鱼了。

只好回到原样。我已经受够了没有季节变化的州，拿着最少的薪水。我告诉我自己，我大学退学是为了接受"真实世界"的教育，从某种程度上来说确实如此。我亲眼看到了有多少人在挣扎着生活。我开始懂得了在一眼望到头的工作中度过时间并且勉强度日的感觉，尽管只干了几个月，而且只要打个电话回家就能得到帮助。在这里的工作加深了我对于周围不公正的愤怒，不公的待遇似乎大多数是由一个人的肤色决定的。我想要学习更多关于美国的不公的根本原因。但是我不会留在这里学习。

而最重要的是，我意识到自己是不可能用自己幻想的方式成为一个作家的，比如骑着摩托车穿梭在城市里，在海边漫步，打零工，在我所剩无几的空余时间写周记。如果我想成为作家，我需要回到学校。我需要一个好老师，就像爱德华兹先生那样，我渴望跟志同道合的人一起讨论小说和交流想法。我怀念深夜与布莱恩和朱迪的谈话；他们会帮助我理解我看到的事情。我现在明白我不能一个人前进。

北方的春天，是一年中我最喜欢的季节。我决定再去上一次学。但是不能是兰道夫-麦肯学院。我在佛罗里达找到了一所合作办学的学校，我能够住在校园外面，自由生活。这次我选择了要去上大学而不是仅仅游历，因为这是我应该做的事情。

最终我在1965年的秋季学期被里士满职业学院录取了，它现在叫作弗吉尼亚联邦大学。我选择这所学校是因为它在城里——我受够了那种偏僻的学校——而且这所学校离我的朋友布莱恩和朱迪很近。在里士满城里杂乱无章的校园有一种真实的感觉，里面大多数是多用途的建筑物，重新装饰以后用作了教室。很多学生都有工作，正在考取职业证书。但是里士满最出名的是艺术学院，因此它吸引了比我在兰道夫-麦肯学院见到的更时髦、更多元化的学生群体。或者比我在任何地方见到的都要多。

带着我在佛罗里达剩余的存款，我在距离校园中心几个街区的地方租了一个很小的一居室公寓，又买了一辆二手摩托车，一辆马力更大的2500cc雅马哈摩托车。我用我最喜欢的民谣歌手的海报装饰了墙面，书架上放满了诗集和小说。

我开始读"垮掉的一代"的作品，比如艾伦·金斯伯格、劳伦斯·费林盖蒂、加里·斯奈德。我特别喜欢肯尼斯·帕钦的作品。他的《奥尔滨月光手记》用的是意识流写作方法，里面有诗歌和绘画，描述的是一个年轻人二战结束后的幻灭。我喜欢他所描述的写作动机："如果是幻想，就庆祝当下；如果是愤世嫉俗，那么可以制止流血。"

回到我第一次通过感觉和直觉跟这个世界沟通，我现在很大程度上仍是这样的。我看到和听到的事件和经历正在教会我的事情，是无聊的课程和讲座不能教我的，但是我需要把这些经历写出来才能厘清思路。通过写作这个行为，感觉和想法才能用这种方式变得有意义，我当时感觉书写我的童年，会帮助我理解困扰我的问题。因此，搬进我的公寓以后，我开始写一本成长小说。大多数早上我开始写作，9月开学的时候大约已经写了80页打印纸的数量。即使要上课，我也告诉自己要坚持写作。这次我会每天学习，不再拖延。

但是学期一开始，我很快就变得沮丧。新生必修课程、书本、讲座，每件事都是一样的。唯一的区别就是会场更大一点，里面还坐着女性。

我大多数同学在无聊的讲座中都安静地坐着写笔记。听着重复无聊的旧东西，我变得不耐烦了。几周以后，我再也无法忍受了，在古代历史课上我举起手，打断了教授无聊的独白。显然是突然被打断了，他真的叫了我。"我真的不明白为什么我们只学习国王和他们的战争。我们为什么不学习普通人是如何生活的呢？"我冒险跟他对峙，因为他很年轻，我想他可能真的会听。

"课下来找我。"他迅速回答。然后就继续他的讲座。

这学期的第一次考试我得了91分，所以我想他知道我不是想偷懒。但我没想到他会在我们的会面中告诉我什么。

"你不明白"是他的开场白。那是不能改变的事情，必须要严格遵照课程大纲，是的，他是对的，我并不明白。而且这不是唯一一件我不明白的关于"高等教育"的事情。

第一周上学的时候，有几个男生在学校周围的行政大楼的人行道上派发宣传单，出于好奇我拿了一张。上面的标题是"耶稣能上里士满职业学院吗"。据说，去年5月一个学生因为拒绝剪掉长发而被开除了。9月的时候，有3名高三的优等生被拒绝入学，因为他们暑假的时候头发长度到了领子、烫发或者是留着山羊胡子。这些家伙和其他一些学生成立了一个团体，叫作学生个人权利组织，或简称SIR。

他们会为学生案件诉讼或者需要帮助的学生提供支持。

那年秋天我参加了一次他们的会议，并且报名参加志愿者服务。几个下午，我都站在校园中心一个繁忙的角落，派发宣传学术自由的小册子。很少有学生会拿。如果他们拿了，会看一下，就卷成一团扔到路上。有一个学生甚至问我是不是激进分子。我盯着他，感到不可思议。我的头发不长，也没有胡子。小册子上甚至还有美国教育委员会前会长弗朗西斯·凯佩尔的引言，我的老天。

10月第二次的SIR会议上，一个名叫盖尔的年轻女人站起来介绍自己。她来自一个新团体，叫作弗吉尼亚学生民权运动委员会（VSCRC）。夏天他们资助了一个弗吉尼亚南部的"自由之夏"活动，效仿前一年密西西比河的一个活动。目的就是要废除公开场合的种族隔离，比如午餐隔离，或者让更多黑人登记投票。当时整个州的黑人占比50%，但是只有18%的黑人登记投票。民权运动工作者通过提供去城区登记办公室的交通工具来提高参与度。但是随后登记员开始随机安排工作时间。我从来没想过投票登记是一项这样的工作。但是她接下来说的真的让我吃惊。

因为1965年夏天弗吉尼亚的民权运动团体变得更加活跃，三K党非常激烈地反击。来自北卡罗来纳州的三K党成员招募了他们的"讲师"（Grand klokard），一个叫马歇尔·科内盖的人，作为弗吉尼亚的"巨龙"（Grand Dragon），煽动一场运动。他在维多利亚镇外组织了庞大的劳动节游行，有几万人参加。科内盖煽动人群，不断高喊马丁·路德·金是一个激进分子，约翰逊总统和最高法院强迫美国实行种族融合。最后结束游行的时候烧了一个65英尺高的十字架。

盖尔说火光照亮夜空好几个小时。

受到做点有意义的事这个想法的激励，我报名了抗议活动。但是会议结束以后，我独自一人在昏暗的街上走回公寓。我开始发抖。我意识到并不是因为寒冷。我感到了前所未有的害怕。盖尔说，"你要明白，可能会有暴力，有人扔石头，或者更糟糕的"。

第二天早上，最后一节课结束，我发动雅马哈摩托车，沿着一条乡间小道向维多利亚进发，穿越最近刚丰收的烟草地。我无法想象日复一日在骄阳似火的太阳下拉起、捡起和拖起那些沉重宽大的叶子是什么感觉。比我做过的任何一项工作都可怕。

那天下午接近傍晚的时候，我发现自己被三四辆移动迟缓的车挡住了，前面还有好几英里的路途。我渴望赶到维多利亚，所以我调低了档位，一路猛踩油门。我超过了第一辆车，然后是第二辆。突然间车队前面有一辆深色的皮卡车左转，直朝我开过来。我紧急刹车，但是我知道已经太晚了。我记得自己侧滑了，然后就是金属撞击的声音。

接下来，我脱下头盔坐在树下。整个身体都巨痛，一个警察站在我身边，手里拿着罚单。

"你还好吧？"他问我，我点点头。

他指了指一个弯着腰的黑人，那人身穿连身服站在路的另一边。"那辆皮卡车上没有转向灯。你想要起诉这个黑鬼吗？"

我摇摇头，然后警察走开了。我到底为什么要把自己搞到这里来？

我检查了摩托车上的损伤。侧边有几处刮伤，唯一的问题就是前挡风板弯曲。我尽可能把它掰直，然后继续骑。

最终我到达了维多利亚周边的地址，晚上要待上一晚，第二天早上就要开始游行抵制。当我来到长廊时，一个年长的黑人男性打开了前门，紧张地看了看街上，让我赶紧进去。

那个人介绍自己叫萨缪尔，让我进去里面的小客厅。我说镇里的局势越来越紧张了，他们很感激我能来。白人开始在缅因街上到处巡查，有时候还会从车窗伸出来福枪和短枪。

他让我进到起居室，邀请我坐下来，他跟妻子一起准备晚餐。屋里的每英寸地方似乎都被残破的家具占满了：一个盖着透明塑料布的沙发占据了一面墙，房间中间的地板上摆着一张深黑色的木质咖啡桌；一个角落里放着乐至宝牌（La-Z-Boy）的沙发，另一个角落里塞着一个小的玻璃展示柜。展示柜里是一些装裱的照片，里面是一个男孩，每张照片都是同一张脸但处于不同年龄阶段。

我坐在沙发上，塑料布发出响动。我从来没有来过黑人的家。我感觉就像是他们世界里的外国人。他们两人似乎也很紧张。我奇怪他们怎么会让一个白人来他们家过夜。

吃完简单的晚餐，几乎都是糊状的炖牛肉，我被带到了我的房间。是他们儿子的房间。萨缪尔告诉我，他儿子正在参加越战。

第二天早上早些时候，盖尔开着她的甲壳虫大众汽车来接我。我觉得很恶心。是因为早餐，是从锈迹斑斑的地板上飘上来的气味，还是因为迫在眉睫的危险？我们两人一路上都没说话。

接下来两天，我站在镇里街角"购物街区"一个破败的三层小楼旁边，派发宣传单，上面写着："黑人团结起来：别花一分钱支持燃烧十字架的人和种族仇恨主义者!"就像萨缪尔警告我的一样,汽车和皮卡车上面随时都坐满了白人,有时候会喊出威胁的言论,比如:"从你来的地方滚回去!"我早上起来的恶心感消失了,我的胃里好像打结了。

第一天结束的时候,我们组的5个志愿者——盖尔、一个黑人、两个白人和我,在"自由之家"会面,那是弗吉尼亚学生民权运动委员会在维多利亚周边租的一个地方。其中一个人一直在粗麻布盖住的窗户旁放哨,盖尔说抗议成功了。自从志愿者来了以后,商业街的人每周末都要损失400到500美元。这对于整个州来说是一笔巨额损失。维多利亚四分之一的黑人每年收入不足1000美元,她说。他们大多数都从事的是与廉价烟草相关的工作。黑人学生的辍学率在70%左右,是白人学生辍学率的两倍。

盖尔和其他人虽然才二十几岁,但是显然已经是民权运动中的前辈了。我很期待他们能谈谈这次运动,但是短暂的经济学课程以后,他们开始讨论越战。两个白人是一个叫"学生争取民主社会"(SDS)组织的成员,该组织在那年春天在华盛顿发起了第一次反战抗议活动。他们从大学退学了,很担心被征召入伍。其中一人给我一张组织成立文件的复印件《休伦港宣言》。"这不仅仅是一次民权运动,"他说,"读一下这个你就知道我是什么意思了。"

两天过去了,没有发生暴力。周日晚些时候回到公寓的时候,我扑倒在床上,这辈子从来没这么累过。当恐惧和肾上腺素从我酸痛的身上逐渐褪去时,我开始意识到我可能会在那里被杀死。他们可能朝我开枪,警察可能什么都不会做。

　　第二天早上去上课之前，我看了看SDS的人给我的宣传册。第一页写着："我们这一代的人，厌倦了适度的舒适，现在待在大学里，不安地看着我们所在的世界。"他们确实是对的，我想。我逃了第一节课，这样就能把整个手册读完。

　　就像是一份宣言，《休伦港宣言》描述"严重到不能忽略的事件"——正是我经历的：

> 　　首先，人类堕落不断蔓延和受其害的事实，以南方反对种族偏见的斗争为象征，让大多数人从沉默变得激进。其次，以原子弹的存在为象征的冷战的附带事实，让我们意识到，我们自己、我们的朋友，还有数百万抽象的他人，因为共同的危险随时都可能死去。

　　我仿佛回到了在艾文中学食堂外面的时刻，当时正是古巴导弹危机开始的时候，我盯着夜空中的星星，害怕我们都会死去。然后我从中学黑暗的食堂穿过，盯着墙上巨大的写着"临时避难所"的三角形标志。我遵照着一个教师的指示，在一次常规训练中"躲藏并掩护"在我的劣质课桌下。在电视纪录片中，我被巨大的蘑菇云般的火球慢慢升入天空中的画面所震撼。我们这一代人都带着这种恐惧生活。我们认为这很正常。

　　我们成长中还认为种族隔离很正常，如果不是法律规定的，就是约定俗成的，有时候这都不需要质疑。我现在知道，种族隔离并不正常，根本没有所谓"隔离但是平等"的事情。三K党和维多利亚警察的行为也不正常。成年人搅乱了这个疯狂、癫狂的世界，然后称之为"正常"。我读得越多，就变得越愤怒。

很多年轻人读过《休伦港宣言》，都是这种感觉。在50周年纪念日的时候，历史学家迈克尔·卡津为《异闻》杂志（*Dissent Magazine*）给这份文件写了一篇颂词。他称其为"美国左翼历史上迄今为止最宏大、最具体、最有辩论性的宣言"。这就是全部，但是对我来说还有更多意义。《休伦港宣言》帮助我理解了这个毫无意义的世界，这是我生命中的第一次。经历过几年在学校的失败，我开始相信鼹鼠是对的：我身上有些东西从根本上是错的，我总是会成为一个"失败者"。我现在意识到可能是我这一代人从世界上继承了一些失败的东西，而不是我。

这份宣言也给了我希望。"人类在自我培养、自我引导、自我理解和创造力方面的潜力尚未被发掘。"作者写道，"人类和社会的目标应该是人类的独立：关注的不是受欢迎的形象，而是要找到生命中个体真正的意义。"我开始相信我能创造出令人满意的未来，跟我父母墨守成规的乡村俱乐部式的生活完全不同。

我在小册子后面的SDS入会卡片上填上了我的信息，在去参加后面课程的时候跟我的账单一起邮寄了。虽然我知道还有需要做的别的事情。几周后有一场反对越战的大型示威活动，是SDS联合举办的。但是如果我要去游行，我认为我需要知道为什么。

当我学习中南半岛的历史时，它帮助我理解了塑造历史的力量，还有其对真正的人的生活有什么影响。这是活生生的历史，是世界上此时正在发生的行动和事件，是有意义的历史。这是我生命中第一次决定自己要学习一些东西。我现在知道为什么其他人都在游行，我知道我也应该这样做。

游行开始的前几天，盖尔开车去华盛顿参加一个政策研究协会的会议。政策研究协会是一个新左派智库，最近由几个前肯尼迪政府的人建立，迅速成为行动主义的中心。她捎上我一起去参加了会议。会议上人们争论是不是需要把反战和民权运动结合成一股更大的反对力量。光是待在那里就令人难以置信地兴奋，就好像我在作战室里帮助制订一个与敌人作战的计划。

游行本身就很吓人了。上万的大学生年纪的孩子和年龄更大的人聚集在一起，在白宫周围举着抗议的牌子游行，大喊着："现在就和解！""结束轰炸！"之后，在华盛顿纪念碑，SDS新任主席卡尔·奥格尔斯比向老一辈人请求："帮助我们建设。帮助我们以人类共同期盼的希望之名塑造未来。"

第二天《华盛顿邮报》报道我们的人数超过3万人。这是春天举行的第一次反战游行人数的两倍多。但是里面还有一篇令人沮丧的报道，是威斯特摩兰将军请求约翰逊总统增派军队，从15万人增加至40万人。我们的游行难道毫无意义？

回到学校，学生会办公室有一封信等着我。院长想要立刻见到我。我告诉了院长秘书我的电话，她皱皱眉头。她让我坐在靠墙的椅子上，然后拿起了电话听筒。

"瓦格纳在这儿。"她这么说道。

我错过了几节课，但是大体上我表现还算可以，因此应该不是学习上的事情。秘书打字机发出的咔哒声，还有不知道何处的时钟发出的嘀嗒声，都让我的等待度日如年。秘书的内线电话终于响了。她从打字机上抬起头，用沉重的声音说："你现在可以进去了。"

我走进了巨大的橡木镶板的办公室。屋里主要装饰的是一幅一人高的画像，似乎是一位南部联盟将军坐在一匹灰色的马上，画像挂在一面墙上。我猜应该是罗伯特·E. 李。对面是另一幅巨大的画像，这幅可能是美国内战的战场，成排的士兵面对面站在一起，他们的枪里冒出了小火花。

在画的两侧，院长的大红木桌子被安放在一面墙的窗户前，窗帘拉了起来，所以我只能在明亮的阳光中眯着眼看院长。感觉好像我是一个受审判的犯人，被刺眼的灯光照着。

院长面前摆着一个文件夹。"坐下吧，年轻人。"他几乎没有抬眼看我，用笔指着桌边一把直背椅子。

他在研究文件夹里的文件，我尽量不去盯着他看，但是我还是注意到他的大肚腩凸出来，顶着他穿的蓝色细条纹三件套西装。我很好奇在这么大压力下，西装马甲的扣子还能不能发挥作用。

院长终于抬起头。把他的大黑框眼镜放在桌子上，他靠着椅子，双手摆在腰带上，他前后移动的时候缓慢地摩擦着大拇指。他皱起了眉头，久久地盯着我。

然后他说："孩子，我们都知道了……"他继续摇着身子，瞪着眼睛，眉头越皱越紧。

怎么回事？他说的根本不是真的。

"先，先生，我……"我结结巴巴地说。

最后，院长厌烦地摆摆手。"从我的办公室出去。"他怒吼道。

我跌跌撞撞地回到公寓，因为害怕和愤怒而颤抖。他怎么会知道？还是他只是猜测？他是不是在校园里安排了探子？但是他们应该会认识我的女朋友。院长和学校让我觉得恶心。我不能待在这儿了。我不能忍受再花一分钟待在"迪克西"，这里有三K党，还有种族歧视的警察以及无法信任的大人。

游行前的那次会议上，我遇见一位高个子浅棕色头发的男人，三十多岁，名叫比尔·黑格斯。他告诉我他是华盛顿一位支持民权游说行动的律师，想找一个全职志愿者，如果我有兴趣可以随时给他打电话。因此我给他打电话问他是否需要帮助。他确实需要，而且他能提供一个月75美元的报酬，加上他在国会山的房子提供免费食宿。跟黑格斯一起工作，意味着我可以参与更重大的事情，为改变做出更有用的事情。

从里士满职业学院退学以后，我在圣诞节回家，事实证明这是个错误。我父亲和我争论了4天。首先，是关于战争。他不想听到任何有关那段历史的事情。他说我的反对是一种懦弱，我应该去参军，因为反正我不会再去上大学了。然后因为我拒绝穿着西装戴领带去吃晚餐，他开始攻击我，我们都在沉默中吃完晚餐。之后，我又错误地告诉他我想开展社会工作的事业，他鄙视地嘲笑我。"天呢，简直比成为男护士还要糟糕。"我的弟弟和妹妹都回避这件事，很高兴他们不是我，不用忍受父亲长篇大论的攻击，我母亲把手交叠在一起，看上去很无助，因为他的怒气而很害怕。我不能分辨出她是不是同意父亲的观点。

几天后我骑着摩托车去了华盛顿，逃出我父母房子里压抑的气氛，我感到很轻松。但是我也感到很悲哀。当我宣布我又退学的时候，我不停地看到他们脸上那种阴沉、失落的表情。我敢确定我父母已经放弃了我自己能做出什么事业的想法。他们可能像鼹鼠一样，已经认定我只是一个失败的孩子。从我第一天上学的时候开始，他们就不断地接到一张又一张糟糕的成绩单。然后就得知我不能再回到吉尔曼中学了。现在，过去的两年，他们看到我不断从一件事逃到另一件事上，不断重复，从艾文中学退学，从兰道夫－麦肯学院退学，冲向佛罗里达，突然回家，然后又快速地跑到了里士满职业学院。我的生活一片混乱。我怎么向他们解释这些我自己都没有完全理解的选择和变化呢？

接下来的一年——1966年——会不同的。我不会再被动地反应，我要主动回应。我想完成一些事情。我想带着目的行动，即使我的目的并不能让我的父母骄傲。

到达华盛顿的时候，比尔·黑格斯迎接我，欢迎我来到他破败低矮的小房子里。房子看上去完全是救世军丢弃的物品装饰的。"有点简陋，但是距离国会山只有几公里距离。"他为我睡在楼下的旧书房里向我道歉。

吃晚餐的时候，比尔告诉我他是怎么来到华盛顿的。他在密西西比的格林维尔长大，从密西西比大学毕业，1958年在哈佛大学取得了法学学位。然后回到了密西西比的杰克逊，建立了自己的律师事务所，因为他一直处理民权案件变得声名狼藉，而州里没有白人律师愿意处理这类案件。他最出名的客户是詹姆斯·梅瑞狄斯，他帮助詹姆斯在1962年成为密西西比大学第一位黑人学生。

当他的房子里收留外州民权工作者的时候，他开始收到死亡威胁。然后在1963年初，因为一些编造的道德指控，他入狱了。当他离开这个州接受裁决的时候，一个全是白人的陪审团以他缺席为由而指控他，因此获判6个月监禁。比尔再也不能回到密西西比了，因此他就来到了华盛顿，他帮助起草了具有里程碑意义的1964年《民权法案》的关键条款。

第二天，比尔就安排我工作。O. 罗伊·查克，是一个有钱有势的资本家，他拥有华盛顿的运输系统，他宣布把票价从20美分提高到25美分。那些在华盛顿从事餐馆和办公楼里低收入工作的人，大多数都是黑人，他们主要依靠公交车上下班，如果每次路上都要增加5美分，将是无法承受的费用。小马里恩·巴里当时是学生非暴力协调委员会华盛顿分会的负责人，他曾呼吁在1月24日，也就是仅仅一个星期之后，进行为期一天的公交抵制。我的任务就是要骑着摩托车在班宁路的主要公交线路上，在不同的社区派发印制着抵抗计划详细内容的宣传单。

那一天的规划事无巨细。那些经常乘坐公共汽车的人将会得到免费的拼车服务和上下班的轮流公共汽车服务。还有4个主要的聚集地点，商店和教堂前面会有45个社区分站点，还有几百位志愿者司机。20多个教堂都会贴出"免费公交"标语支援这次行动。

24日的早晨寒冷刺骨。我回到班宁路上，给等公交车的人指引，帮助他们找到免费搭乘的车。看到一辆又一辆空空如也的"查克公交车"开走，我内心暗自叫好。

那天晚上，《晚间之星》报道了这次抵制活动在班宁路的成效超过90%。第二天晚上，据报纸上预测，有13万乘坐公交车的人都参与了抵抗。公交系统的回应是取消涨价。

我为比尔做的第二项工作是我自己的想法。美国轰炸越南北部，事态恶化，美国外交关系委员会主席、阿肯色州参议员J. 威廉·富布赖特已经开始就战争的历史和行为举行听证会。有一些听证会是直播的。我提议印制一批徽章支持他。

一周之后，我开始在国会山上走动，进出参议院和众议院的办公大楼，自豪地展示我别在衬衫口袋上的徽章。我还有一堆徽章要派发，我印制了几百枚。你能想象到他们看到我的徽章会怎么看待这次战争。人们会驻足并观看。他们的脸上会迅速表现出愠怒或者微笑。我会问每个人他们是否愿意要一个徽章，大多数人都说不要。但是我在每间拜访的办公室里都留了几个徽章用于展示。

我派发了最后几枚徽章后不久，收到了一封来自当地征兵委员会的官方通知，因为我不再是全日制学生，所以被定级为1-A，"可以参军"。我想我总会拿到这个通知，但我原以为要过几个月才会收到，或者他们可能会失去我的联系方式。

我听有些孩子说要去加拿大，但是似乎像是一种逃避。想要用不存在的疾病拿到一份医院暂缓入伍证明，感觉也是徒劳。我的家庭医生不会帮我伪造。我确定任何装疯卖傻的行为都会被军队医生看穿，有些人就是这么被拆穿的。

如果我被攻击我会自卫吗？我会像我父亲一样参加二战吗？我

是他指责的那种懦夫吗？内心深处，我只是害怕被装进尸体袋运回家？这些问题困扰着我。我不确定自己是否诚实地回答，更别提回应参军机构了。自我防卫？肯定会。但是在过程中会杀掉别人？不行。如果是1941年我接到命令我会怎么做呢。我童年幻想过在空中开着喷火式战斗机在空中对抗，就像我父亲那样，但是这跟开着带枪直升机在越南的稻田上射杀农民的现实完全不同。

我开始怀疑自己是否有资格成为良心拒服兵役者。比尔建议我去查查最近的法庭案件，看看有什么相关的规定。我开始阅览他的法制专刊。然后我找到了"美国诉施维默案"。

1965年，最高法院规定依从良心拒服兵役不能仅仅适用于有宗教信仰的人。任何人，只要对战争的观点来自"一种真诚和有意义的信仰，这种信仰在信仰拥有者的生活中占据着与上帝所占据的地位相当的地位"的人也可能有资格获得豁免。我认为希望不大，但是我还是开始起草给参军委员会的信件，描述我的精神信仰，并且援引了这个法庭案件。

我没有花太长时间就得到了答复。大约一周后标准表格回复就来了，告知我想要"依从良心拒服兵役"的申请被拒绝了。我可以打个钩，对判决提出上诉，并要求进行听证，然后我就把表格退回去了。然而，我没有多少希望，晚上在床上辗转难眠，一想到要被送去越南，我就很痛苦。

随着去参军委员会的听证会日期临近，我开始担心如何能够劝说他们相信我的信仰是"真诚而有意义的"。我能找谁写一封支持信呢？我想到了那些可能会抓住机会让我去越南的人：鼹鼠、院长——甚至我的父亲，他可能认为战争最终会让我成为一个男人。他总是要求我应该"坚强起来朝正确方向飞行"。可能这就是他从自己参战的经历中学到的。还会有谁？比尔可能会在法律案件中辩论，但是我不认为一个来自华盛顿的民权律师会让巴尔的摩郊区一个偏远角落的雷斯特斯敦参军委员会服气。委员会成员几乎肯定是农民和小商贩。

我突然有了一个主意。整个高中，如果我假期回家，就会坚持去我家附近的一个小圣公会教堂。那是1740年始建的一座美丽的古旧砖瓦建筑。我很喜欢教堂管风琴发出的低沉的声音，还有斑斓玻璃窗上深深的印痕，礼拜之后的主日学校辩论我也很感兴趣。赞美诗、祷告还有布道都没有引起我的共鸣，但是令人尊重的亨利·莱特牧师是一个可爱的人。他有温柔的阿肯色州口音，柔和的微笑，明亮的蓝眼睛，还有一位美丽的女儿，我带她去看了几次电影。有几次我去他的房子里接她，牧师总是非常友善，邀请我去他家里，问我学校怎么样。

我决定在参军委员会庭审前几天先去巴尔的摩，跟他谈谈。我感觉他是我唯一的希望。

敲了敲牧师家的大门，我开始担心这次拜访会不会是浪费时间。假如莱特牧师认为我不够真诚，拒绝帮助我呢？但是他带着微笑迎接了我，友善地用手拍了拍我的肩膀，领我走进他的书房，并且问起我在华盛顿的工作。然后我们坐在他的沙发上，仔细聆听我自己信仰的本质，他时不时地点点头。我完全没有提到上帝这件事似乎完全没有影响他。谈话结束的时候，他说很高兴为了我给委员会写信。

3天之后，带着刚刚修剪的清爽发型，穿着西服打着领带，我站在雷斯特斯敦镇兵役登记局的一间办公室里，桌子旁坐着3个男人。他们每个人都在研究两页文件，一页我看出来是我原来写的信件的副本，还有一页我希望是莱特牧师写的证词。

最终，一位坐在中间的年长男性抬头看看我，好像是第一次注意到我似的，厉声问我，"为什么你不能去越南当医生呢？"我知道那个选择就是要把我定级为1-A-O，意味着我可以去越南的非战斗部队，我对这个问题早有准备。

"长官，医护人员跟其他非战斗人员都要像其他士兵一样接受基本训练，他们就是在那里学会了战斗和格杀。我尊重这样做的人，但是我的信仰制止我成为那样的一个人。"我说话时整个人都在颤抖。

那个人看了看身边的两个同事，询问他们是否还有问题。两个人都摇摇头。"几周后我们会给你结果。"他说道，摆摆手示意我离开，然后就把注意力重新放回眼前的纸上。

我在等待委员会决定的时候，比尔有一项新的项目需要我参与。他跟一位黑人积极分子朱利叶斯·霍布森合作，白天霍布森是一位社保局的审计员，当他不需要做这份工作的时候，他可以领导一个叫作联合社区团队（ACT）的组织。霍布森已经组织游行近20年了，包括要求收入更高的工作、公平的住房，以及在华盛顿警察局加入更多黑人警官。

1964年，戴着标志性软呢帽，抽着他经常抽的烟斗，带着装满大老鼠的笼子，霍布森在时髦的乔治城开车四处走动，他说这些老鼠都是他在贫民区抓住的。他威胁当局，如果他们再不处理困扰贫穷社区的虫害，就要把这些老鼠都放出来。最近他告诉媒体："你可能不喜欢我的抗议，但是如果你无视我，斯托克利·卡迈克尔[①]和马尔科姆·X（美国黑人运动领导者）就要来镇里了。你会后悔当初没有听我的话。"

现在霍布森起诉华盛顿公立学校歧视黑人学生。他问比尔是不是准备好要起诉，比尔给我的任务就是要调查学校的政策。

自从1954年"布朗诉教育委员会案"以来，全国的公立学校都被要求融合。我发现华盛顿的学校体系跟其他学校体系一样，已经找到一种可以满足这种要求的方法，就是精心设计一套巧妙的新制度来隔离学生。根据之前的测试分数和表现水平，学生被分流，参与四种严格的分轨制学术课程：荣誉、大学、普通和基础。这种分类方式1956年开始在华盛顿高中实行，然后在1959年扩展到初中和小学。

实际上，几乎所有白人学生都在顶端的两个水平，绝大多数黑人学生都在底端的两个分类里。在华盛顿学校体系中，现在的学区里仍然有分类，来自贫困经济背景的孩子经常被排在最底层，因为他们词汇匮乏并缺少基本的阅读技巧。他们在这些指标中都落后于人，因为这些孩子的家庭里大人都忙着做好几份工作，没有多余时间睡前给孩子读故事，或者周末带他们去博物馆。他们没有钱请家教（就像我父母对我那样）来帮助孩子赶上学习进度。糟糕的阅读技巧最终导致了测试分数更低。困在低等学习班级的孩子更容易退学，几乎没有机会上大学，离开学校以后只能得到最低工资的工作。

---

① 主演《密西西比谋杀案》的黑人演员。——译者注

回想起来，我完全不知道分层的影响，也不知道贫穷对于学习的影响，我也没有意识到分层的危害，即使是在白人为主的郊区学校。多年后，我才看到这种分层对于学生的自尊心和学习动机造成的情感伤害。甚至我花了更长时间才开始明白教育者想在没有分层的学校、拥有不同种类学生的教室教学有多么艰难。我为霍布森案所做的研究让我第一次看到了当今公立学校教育工作者面临的一些最紧迫的挑战。

但是对于霍布森来说，分层不仅仅是学术问题，还是一个非常个人的问题。在成为政府官员和积极分子之前，他上过塔斯基吉学院和哥伦比亚大学。他会给孩子们读书，也会带他们去博物馆。但是他的女儿，一个在学术上充满好奇和有能力的女孩，在初中被分到了最差的等级。那时候他下定决心要起诉。

我们找到了强有力的证据，证明分层教学体系就是一个彻头彻尾的种族隔离借口，但是由于比尔被密西西比取消了律师资格，他不能在任何地方诉讼。因此他打电话给一位老朋友，一位在纽约的律师，名叫威廉姆·库斯特勒。库斯特勒在全美都很出名，是著名的民权和民主自由律师，供职于美国民权委员会。他们两人见面的时候，库斯特勒正在协助1961年密西西比自由骑士运动。那时他因为同意为杰克·鲁比辩护而登上了各大新闻，杰克是得克萨斯州夜总会的老板，他开枪打死了李·哈威·奥斯瓦尔德。

也许因为我知道库斯特勒有多出名，但当我们第一次因为诉讼要在比尔的客厅会面时，我看到库斯特勒踏进房间，感觉他本人更加高大。他大大的脑袋上有一头深色的乱发，前额上架着一副超大的眼镜，声音很深沉，压迫着你坐正并且注意听他讲话。跟比尔、霍布森和库斯特勒待在一个房间听他们讨论法律和策略是一件让人非常兴奋的事情。

库斯特勒特别喜欢诗歌，他跟我在一次结束法律策略议事以后，在讨论文学的时候特别合拍。当我告诉他我在征兵委员会的困扰时，他邀请我"从这场运动中休息一下"，周末去参观他在纽约郊区的家。我欣然接受。

我跟库斯特勒、他的妻子罗迪和他们的女儿简共进晚餐是我前所未有的经历。首先，他们讨论了当天的新闻，苏联刚刚发射了第一个月球探测器，现在他们的卫星正在绕月环游并且发送信号回来。库斯特勒转向简，问她觉得肯尼迪答应要把人送到月亮上是不是浪费资源。

"当然是，"她回答，"相比花钱把人送到月亮上，我们应该重建我们的贫民窟。"

"那么科学进步的目标呢？"罗迪问她。

"如果我们国家的很多人都生活在贫困中，晚上都要饿着肚子睡觉，科学的好处有什么用呢？"简反驳道，"先是越战，现在要把人送到月亮上。我们需要解决我们本国的问题。"

这种充满生气的一来一往持续了整个欢乐的晚餐时光。他们似乎真的很享受跟彼此谈话，并且在餐桌上逗留。我震惊于库斯特勒和罗迪鼓励他们的女儿表达自己的观点。我想到了我们家晚餐桌上那种令人气恼的争论和痛苦的沉默，每天晚上都是如此，与库斯特勒家完全不同。

吃完晚餐，我们坐在他家客厅的壁炉旁边，库斯特勒背诵了狄兰·托马斯的诗歌，然后还有他自己的一些诗歌。烧制木块的温暖、他嗓音中的乐感、诗歌有节奏的韵律都让我翻腾和眩晕的头脑长时间地平静下来。然后我开始思考如果参军委员会驳回我的请求，摆在我面前残忍的选择，我确定他们肯定会拒绝我的。我为什么就不能像其他学生一样待在学校，延迟我的上学时光呢。

感受到了我情绪的变化，库斯特勒停下阅读，问我是什么让我困扰。我和盘托出：学校似乎没有我待的地方，鼹鼠说的话，我怎么从艾文中学逃出去，我为什么从大学退学，不是一次而是两次，以及我现在担心我要去参军了。

当我告诉他院长对我的指控时，库斯特勒爆发出一阵笑声。我让自己保持微笑。我为什么不能出生在这样的家庭呢？可能他们就会明白我在学校的困难。可能他们会相信我。

"现在有一些有趣的上大学的新选择。"库斯特勒安慰了我。他走到还在上中学的简堆放东西的一张桌子旁边，上面有很多宣传册。他在里面翻了翻，然后走过来递给我一本订好的复印小册子，外面有蓝色广告纸的封面。上面用简单的黑色字体打印着"世界之友学院"[①]。

这本简单的小册子里面的内容，还有我后来决定申请这所实验学院的决定，改变了我人生的轨迹。

---

① 是一所获得认证的、男女同校的、授予人文科学学位的学校，把居留项目与国外游学的机会结合，被称为一个"没有围墙的学院"，由纽约年会赞助，并于1965年9月开放。该学院在20世纪60年代的反主流文化环境中蓬勃发展。——编者注

游学之旅：让书本学习和实践学习同步发生

我想学习，不是记忆，不是叙述，不是反刍。

　　我坐在去往华盛顿的火车上，火车在轨道上上下颠簸，我仔细阅读库斯特勒饭后递给我的小册子。我几乎不敢相信我在读什么："世界之友学院希望能吸引那些寻找挑战的学生，他们的大学计划致力于开发他们的潜力，在日益互赖的世界里创造性和建设性地生活。"一个致力于帮助个人培养创造性潜力的学校？不可思议。我真的没想过自己有什么潜力，直到那天早上翘课读了《休伦港宣言》。

　　世界之友学院一年前刚成立，也就是1965年，创始人是一群贵格派成员，想要在教育界开展"世界教育的新实验"。他们正在寻求四年制大学的认证。课程表包括研究社会问题，而不是传统的学科，学生从世界各地而来，每个学期都会学习当地一个特殊的课题。自从我夏天跟韦斯特先生接触过以后，一直想要学习异质文化。每天都有研讨会，但是没有正式的考试和分数。相反，学生都会以日记的形式记录自己的学习情况。我已经这样做了。还有定期的会议，学生和教师一起讨论社区关注的问题，而不是成年人告诉孩子应该做什么。这就像是A. S. 尼尔的夏山学校，我从就读到那所学校起就一直很感兴趣。听上去简直太好了，不可思议。

　　回到比尔·黑格斯的房子，我完成了申请表格并且邮寄出去。在我的申请中，我解释了我在之前的大学，感觉"我的学习总受到教育的干扰"。马克·吐温应该说过这句话，我借鉴了一下。但是接下来的陈述都是我的原创："我想学习，不是记忆，不是叙述，不是反刍。"

　　一周后，招生办公室的一位女士打来电话。我接电话的时候，心都在颤抖。她解释说有一群世界之友的学生要开展游学旅行，地点是马里兰的格林贝尔特，就在首都环城公路边缘的郊区。我能有时间去他们的目的地拜访，参加北美中心的主任的面试吗？对于她说的游学之旅我没有概念，但是我很激动，对于即将而来的面试也很紧张。我还很好奇什么样的孩子会上这所实验学院。

几天以后，当我骑着我的雅马哈摩托车进入他们的营地时，看到五六个学生从3辆大众巴士车上卸下行李，开始搭起他们的帐篷。我没看到任何地方有老师，我向一个从纸板箱里拿出来锅和盘子的漂亮的年轻女士介绍了我自己。她穿着一件牛仔裙和一件白色泡泡袖的乡村短袖上衣，前胸装饰着红色花纹。卷曲、深棕色的头发像瀑布一样披在后面。

她的名字叫康尼马拉，她告诉我班里19个学生都来学习城市规划和消费者合作社。她解释说整个城镇都是由联邦政府从烟草田里开垦出来的，是20世纪30年代新政的一部分。目前的目标是缓解政府工作人员数量增加带来的住房短缺，但是规划者可能还想展示如何更好地组织一个社区。城镇里所有的零售商店都是合资的，每位居民都有股份，对于商店如何经营有发言权。康尼马拉告诉我当时世界之友的主席莫里斯·米歇尔需要让他们亲自感受格林贝尔特的社会实验多么有前景。不仅要从书本上学习，还要进行游学之旅。这是她的第一次。

康尼马拉跟我说话的声音安静且坚定，看着我的目光非常专注，她看上去这么真诚和成熟，跟我同龄的女孩都不一样。上大学之前，她去过一家农场上的贵格会寄宿学校。她说原本学的是纺织，从大学退学就是为了来世界之友学习其他的教育方法，比如蒙台梭利，这是我从来没听过的名字。

现在学生们已经搭好了帐篷，有几名学生要帮着在营地炉灶上准备晚餐。为了降低学费，康尼马拉解释道，学生经常进行这样的游学旅行。他们还会经常自己完成校园的打扫。

康尼马拉领我到其中一个帐篷，介绍我认识学院北美中心部主任，那是一位中年男人，穿着皱巴巴的卡其色裤子和蓝色工装短袖上衣，名叫亚瑟·迈尔。我跟他说了我之前的大学经历，跟比尔一起起诉美国公立学校的工作经历，他肯定地点点头。他说我正是世界之友希望录取的那种学生。

周游世界，跟有趣、志同道合的学生一起进行重大的讨论；学习解决社会问题的新方法，我离开营地的时候头脑都是晕晕的。我简直迫不及待地想再次成为一名学生。这次是不一样的。我还希望能再次见到康尼马拉。

接下来的几周我的情绪就像坐上了过山车。上一分钟我还十分兴奋，下一分钟我就很低落。接到征兵委员会的通知说我已经被允许依从良心拒服兵役，我简直喜不自胜。然后我读了后半部分的信函，里面说我一个月内要去弗吉尼亚报到，在一家类似精神病院的地方进行为期两年的护理服务。我生命里整整两年要被控制，每天花时间打扫厕所和擦地，我已经可以预见了。几天后，我急不可耐地拆开了世界之友的来信，知道我已经被录取之后，我赶快把我申请暂缓参加的请求发送给征兵委员会。他们只用了一周就告诉我请求被驳回了。我非常愤怒，眼含泪水，把表格撕成了一百多张小碎片。但是我突然想到，既然世界之友学院是一所贵格会大学，征兵委员会可能会同意我在那里完成替代服务。

大学已经同意了这个想法，出人意料的是征兵委员会也同意了。兵役登记局的规定是依从良心拒服兵役的替代服务应该是非常辛苦的工作，他们一定有理由认为，让我一路搬到纽约，比在离家近的地方工作更有牺牲精神。他们不知道也不必知道我还是一名学生。

因此在1966年6月，我跟比尔·黑格斯告别，万分感激我从他那里学到的一切，卖掉了我的摩托车，来到了长岛韦斯特伯里的米切尔菲尔德，学校在那里已经租了几个废弃的空军兵营用作宿舍和教室。我们的课程9月开始之前，我作为助教在旁边一个小房子里工作，那里叫作哈罗山，是捐赠给世界之友的地方，作为学院的"世界总部"。

我的工作包括操作复印机，塞信封，给学校的新闻信件、筹款呼吁和宣传手册粘贴邮票——都是乏味但是必要的工作。晚上我会独自如饥似渴地阅读比尔·库斯特勒推荐我的一本小说：詹姆斯·乔伊斯的《一个青年艺术家的画像》。我完全被斯蒂芬·迪达勒斯的意识流吸引了。斯蒂芬和我志趣相投，甚至比托马斯·沃尔夫笔下的人物在高中时的性格还要相似。跟我一样，斯蒂芬也在跟学校、父母和教会的种种限制做斗争。跟我一样，他也"注定要远离他人才能习得智慧，或者在世界的鄙夷中游走，才能学习他人的智慧"。

那个夏天的高潮大约一周后出现了，莫里斯·米歇尔邀请我去他的办公室。那是一间小房间，房间里通天的书架让房间看起来更逼仄，架子上塞满了东西。莫里斯坐在一张褶皱的栗棕色皮质椅子上，周围堆满了报纸和杂志。他是一个有着宽阔肩膀的高大男人。他浓密的眉毛跟稀薄的白发形成了鲜明对比。阳光从玻璃上透过来，映亮了他轮廓分明的脸，他让我坐在对面跟他一样的一把椅子上。对于身高1米78的我来说，陷在这张椅子里让我感觉自己微不足道。

莫里斯很快就让我平静下来，他祝贺我主动跟征兵委员会沟通，最终批准为依从良心拒服兵役。"二战期间我曾经在一个营地里做过一段时间的依从良心拒服兵役的主任。"莫里斯用他低沉、有力的嗓音说。他说话的时候有个奇怪的习惯，就是两个拇指绕着互相打圈。后来我得知他作为一名年轻的中尉在一战时在战壕里受了重伤，还中了毒气，大拇指转圈就是一个后遗症。战争的另一个影响是他变成一个和平主义者，后来成为教友派或公谊会的成员，通常被称为贵格会。

"我们希望我们的毕业生成为改变社会的动力。"他告诉我。感觉这就是这所大学建校目标的方向。"我们希望学生都了解新兴的创造性力量，如果这些力量得到大规模实施，他们就会对于世界现在面对的很多最紧迫的问题产生巨大的影响。"

我赞同地点点头。我不知道他所说的创造性力量是指什么，但是我渴望学习。

就像我在莫格利斯教我砍树的奥尔科特·法拉·埃尔韦尔一样，莫里斯·兰多夫·米歇尔也是一位有远见的教育家。但是和科罗内尔不同，科罗内尔总是相信通过暑期营地经历就能消除最坏的影响，莫里斯寻找的是彻底改变学习经历的方法。

莫里斯于1895年出生于肯塔基州的乔治城。他的父亲萨姆尔·查尔斯·米歇尔就是一位教育家，一开始是大学历史学教授，后来成为大学校长，成为南部致力于改善黑人学生教育的基金会的受托人。他的母亲爱丽丝·弗吉尼亚·布劳得斯是一个牧师和大学校长的女儿。

因此从很早的时候，莫里斯就接触了教育和社会公正的探讨。但是他有一个问题：他不喜欢学校，而且经常引起混乱。两所学校要求他退学，一家公立、一家私立，最后他1912年才从高中毕业。然后就上了3所大学，每次当他的父亲成为新学校的校长就换一所学校。因为参加一战打乱了学习计划，然后在战争结束以后重新回学校攻读学位，在1919年取得学位。

莫里斯因为战争的经历备受今天称之为创伤后应激障碍（PTSD）的折磨。医生告诉他需要平和、安静地进行治疗，因此毕业之后，莫里斯就搬到了北卡罗来纳州的马斯顿，通过他兄弟的帮助，建了一所小房子，在那里种上了桃树。因冬天无事可做，他就成为邻镇埃勒布一家学校的老师，贴补自己微薄的收入。

1925年莫里斯发表了一篇名为《我自己的人》的文章，里面说的就是他在埃勒布的经历。当他的文章在《大西洋月刊》上发表的时候，使用的是笔名本杰明·哈里森·查菲，里面还给小镇也编造了一个名字，叫作福德莱。这可能是因为他决定要如实而生动地描述这个贫困社区的孩子们所遭受的营养不良、疾病、过劳和身体虐待。对于他见到的一切他都感到非常震惊。文章的结尾，他宣布自己要致力于教育。"我的愤怒变成了庄严的决心。我永远不会放弃那些挨饿的人。教育就此会成为我的信仰。"

作为一个没有受过任何训练的教师，莫里斯在埃勒布边做边学，他开始让班里十几个学生走入社区，去了解那些折磨该镇居民的常见疾病和营养不良的知识。学生回到教室里以后学习如何解决这些问题，同时学习基本的读写、数学和科学。几年以后，《读者文摘》派记者罗伯特·里特尔报道了莫里斯彻底变革埃勒布学校的事迹：

> 我看到一个班级花了一段时间给邻居的鸡做血液测试，另外一个班级去户外北卡罗来纳州学习恺撒和赫尔维提人的战争。我看到数学老师的教室里，学生开了一个银行，用的是学校印刷的模拟纸币……

莫里斯的学生学习数学不是在班里做题，然后再回家做同样的数学题，最后参加考试。他们通过创造和使用货币学习数学，然后通过学校的银行和模拟货币完成金融交易。他的学生通过实践来学习。

这种实用、基于问题解决的学习方式事实证明是非常成功的，很多没有上过学的孩子都被录取了，他的小学校也不断扩大，要额外雇用三名教师。社区建造了一座新的教学楼，然后4年之后，增加了8间新的教室。

莫里斯离开了埃勒布两年，到皮博迪师范学院攻读教育学研究生，1926年拿到了博士学位。作为一个学生，他接触了约翰·杜威的理念。根据莫里斯所说，杜威写的内容就是一种启示和肯定。"杜威把我所做的事情写成了理论。"莫里斯找到杜威做他的导师，花了一年时间跟他在哥伦比亚大学学习。

他们都不认为，无论所处他们的时代，还是我们的时代，那种死记硬背课本、参加以记忆为主的考试会对学生的学习有任何长久的影响。他们观察到，学生为了考试而学习的知识会很快忘掉，对他们的必备技能的发展也毫无帮助，或者对他们理解基本概念的帮助也很有限。相反，学生必须积极地接触并且调查他们周遭的世界，就像莫里斯让埃勒布的学生所做的那样。他们的教师是一位教练和向导，而不是看似无穷无尽、几乎毫无用处的信息的保管者和传送者。

杜威和米歇尔都认为教育的目标应该是让学生成为民主社会中独立的思考者和行动者，而不仅仅是遵循规则的机器人。但是莫里斯的想法要比杜威走得更远。莫里斯变得激进首先是由于他的战争经历，接着就是见证了埃勒布的贫穷，最后是由于大萧条，莫里斯在1937年开始了他自己的"考察之旅"，去了斯堪的纳维亚和俄罗斯。透过这些历程，他在佐治亚州的马其顿镇购买了一块一千英亩的土地，想要建立一个乌托邦式的合作社区，莫里斯深信社会计划和合作运动的重要性，这是对不受约束的资本主义的关键抗衡。他相信学生需要理解并且接受这些概念，才能从战争的迫害、贫穷、种族主义和环境破坏中拯救这个世界。

莫里斯似乎总是在寻找一片地方，能够自由地把理论诉诸现实。整个20世纪30年代和40年代，他从来没在一个特定的教学或管理岗位停留超过几年。最终在1950年的时候，另外一个杜威的弟子，卡梅利塔·欣顿邀请莫里斯进行一项教师教育项目。15年前，欣顿在佛蒙特州南部创办了普特尼学校，那是美国的第一所男女同校的寄宿制学校，整座学校被看作是进步教育运动中的一盏明灯。现在欣顿想让未来的教师了解杜威的理念和实践。她授权莫里斯开发一个全新的方法，但是预算很有限，让未来的教师为课堂做好准备。

在接下来的14年里，普特尼教师教育研究生院成为莫里斯后来在世界之友学习和教学的许多想法的试验场。游学就是他课程的核心内容。学生在佛蒙特州参观了乡村的可持续林地，在纽约看到了安置房，在田纳西州见证了高地民俗学校，民权活动家和工会组织者都在此接受了训练。莫里斯称之为"平静革命的地方"，他的学生都是孕育而出的改革者。

作为一个跨种族和男女同校的国际组织，他的学生在南部游学时常常遭遇不公。有一次在佐治亚州，两个学生在走路的时候，坐在卡车上的几个白人男子朝他们泼粪。经历过这次事件之后，莫里斯问学生们：是什么让一个人做出这样的事情？什么样的社区影响会让这些人做出这样的行为？让你有什么感觉？他经常鼓励学生把自己的经历作为一种深入理解一个人、一个问题或者一种想法的方式。

1964年，普特尼研究生院跟安提亚克学院合并。在71岁的时候，莫里斯重新回到佐治亚州，他计划在那里种地度过余生。然后他接到了贵格会的电话，他们希望能创立一种新型的学校。

世界之友是乔治·尼克林头脑风暴想出的主意，他是纽约的精神病学家和著名的贵格会教徒，他作为年轻的士兵经历过二战的恐怖。尼克林花了好多年游说贵格会同伴建立一个致力于和平共存的学院，1963年，他们有足够的资金运营一个实验项目——为联合国代表的孩子们举办的国际夏日项目。事实证明这个项目非常受欢迎，世界之友学院机构的委员会开始招募一名创始董事。

当委员会面试莫里斯的时候，莫里斯提出了一个比原本的设想更加宏大的愿景。不仅仅是来自全球的学生聚集在一起，莫里斯提出要在全球设立分校，分别在北美、拉丁美洲、西欧、东欧、非洲、南亚和东亚设立分校。最终，他说，从7个地方来的学生会在当地学校录取，然后每个学期都转换一个地方上学。7个学期深入学习当地问题和可能的解决方式以后，学生可以在最后一个学期回到所在地，写一篇关于他们最感兴趣的问题的论文。

莫里斯被贵格会雇用了，他和家人于1965年夏天搬到了哈罗山，几个月之后第一批学生就到了。从一开始，他就面对着严峻的后勤挑战，而他要把他关于世界大学的想法转化为现实。首先，学校的资源非常有限，员工很少，他很难管理地区中心的网络。莫里斯和他的副校长露丝·玛丽·希尔雇用的当地员工有时候并不合格（有时候不值得信任）。地区中心的地址和规划经常变化。因为学费问题和缺乏奖学金资助，很少有学生通过该大学北美之外的地区中心获得录取。

但是我现在认为，当时更严重的挑战应该是莫里斯公开宣布的学校目标中存在的根本矛盾。莫里斯相信教育应该是每个人独特的能力获得充分发展的途径，是帮助人充分实现能力的方式，真正的学习应该是主动发现的过程。然而他还相信这个世界是危险的，只有通过教育他的学生，让他们了解一些思想和制度的重要性，他认为这些才是创造一个更美好的世界的努力中不可或缺的。因此莫里斯带学生去参观了从新政时期就开始的项目。他认为去格林贝尔特可以证明合作和规划社区的好处；田纳西州流域管理局提供了地区发展的杰出案例，能够而且应该在任何一个地方复制。莫里斯不由自主：他给我们问题和解决方案，那是他的方案。

当他看到变革性的地方，他的学生只觉得是过时和普通：马里兰郊区的商店和简陋的住宅，田纳西州巨大丑陋的大坝。对我们很多人而言，莫里斯的想法太陈腐了，跟当代已经脱节了。毕竟是20世纪60年代，越来越多的年轻人都支持"不要相信任何30岁以上的人"。我们大多数人还是受到世界之友宣传手册中的其他愿景的吸引：个人自主、自我实现，还有我们称之为反对学校和权威的自由。

这两股对立力量之间的紧张关系对大学和学生的早期生活产生了重大影响。和别人一样，我也在这些年陷入了旋涡之中。但是与此同时，我的生活因为世界之友提供的机会而发生了彻底的改变，而我也抓住了这个机会。

整个夏天，我都住在一个小型的员工宿舍，是世界之友接管的米切尔菲尔德的兵营。9月刚开学的时候，剩下的学生，大约有40人，男女数量差不多，帮我一起把他们的行李送到指定的房间，是刚刚翻新的平房。贫瘠的院子被高高的铁丝栅栏包围着，杂草丛生，但是似乎没人在意。我们完全沉浸在聊天中，想要了解彼此。

下午我们会聚集在会议室进行自我介绍。几乎每个学生之前都上过大学然后退学。跟我一样，他们都想来这里接受不同的教育。我终于找到了一些志同道合的人，不只是在乔伊斯小说的人物身上才能看到。

莫里斯晚上从哈罗山上下来跟我们的小组打招呼。那天晚上我试着揣摩他在我们的官方学生手册开篇写的欢迎致辞里的精神实质："他让我们害怕，警告我们。我们必须成为我们，热爱我们，充满属于我们的希望……"我有点被他的话语搞蒙了，不太明白他在说什么，只知道他真的有很高的期待。然后我们就唱了民权之歌和民歌。

第二天开始上课。第一个学期是介绍个人、社区、城市、地区、国家和全球层面的问题。实际上，我们已经进行过热烈的演讲，探讨了现代世界的通病。客座嘉宾每天早上都会来这里讨论一个他们擅长的话题。第一周，是个人与社会——家庭的挑战，沟通问题，保持身体和精神健康的需要，处理性别和身份。也许我们有一个星期探讨每一个话题，并有更多时间去深入探讨，事情可能这样就可以。但是大量的事情还在无尽地继续。接下来几周，我们听到了关于自动化、劳动力的概念、工人异化、仲裁、调解、黑人权力、白人思考、城市衰败、乡村贫穷、现代社会的破坏性压力等话题。我们有一天听了马克思主义者演讲，接下来是贵格会教徒的声音，我们的头脑里充斥的问题是该相信谁，该相信什么，没有时间把事情想清楚。有一次实地考察是要去纽约的港务管理局，为什么要去这些地方？还有一次去联合国总部的浏览参观，因为"世界政府"在莫里斯必须要去的清单上。一天晚上，莫里斯进行了一次关于合作的布道。他形容合作是"灵丹妙药"，能够立刻治愈资本主义的所有过度行为。

接下来非常突然地，我们就开始处理国际问题。周三是"我们怎么能开始理解国家之间的敌对与战争"，周四是与福特基金的对话，周五是"我们怎么能开始理解开发人类大多数贫困人口的人力和物质资源的问题"，下午还有一个关于整个非洲大陆的客座讲座，周六上午我们开始讨论"印度在人力和物质资源开发方面走了多远"。接下来一周，我们学习了冷战的历史、古巴导弹危机、核武器的危害、将"相互保证毁灭"作为防御战略的谬论、军备控制的失败、裁军的失败。

我们被信息淹没了。几乎所有的研讨会都重点讨论问题，很少讨论解决方法，除了那些莫里斯自己讲述的讲座。这段经历的一切都让人无法抗拒。越来越多的学生停止阅读推荐书目，然后开始逃课，还会逃避分配给他们的厨房和食堂的工作。大多数学生抽大麻，有些还在尝试致幻剂。有一个学生精神崩溃回家了。

在社区会议上，教师和管理者请求学生们承担起更多的个人责任，而学生们则抱怨阅读和课程无聊或者更糟糕的，毫不相干。他们厌倦听到世界的问题。我很快就对每个人的喋喋不休感到厌烦了。

我不抽大麻。我参加课程并试着至少跟上一些推荐阅读。社团会议上我站在学校的一边。结果就是我发现自己几乎跟所有学生都越来越疏离，我发现自己很难融入。

我处理自身幻灭和孤独的方法就是让自己沉浸在充满挑战的学习项目中，当作是研究解决方案的机会，而不只是问题：模拟印度未来几十年发展的会议。我们被分成了4组，其中3组是模拟代表团——一组来自印度，一组来自中国，一组来自美国，他们将研究并向第四组学生提交一份发展建议，而第四组学生扮演印度杰出的政治和商业领袖。他们的角色是要倾听三组代表的陈述然后提出尖锐的问题。我主动提出代表中国代表团，然后就埋头研究印度的问题和中国的方法。

我享受写我的演讲稿。我在对模拟印度政要陈述的时候带着一些虚张声势，"中国人民坚持的理念就是自食其力，依靠人民成为国家发展中最重要的力量。这显然意味着在真正的发展开始前，必须把外国帝国主义赶出你的国家。"然后我认为印度最近五年计划中4.5亿美元的巨额赤字就是过度依赖外国投资和贷款的结果，这些投资和贷款从未兑现。我学习得越多，变得越激动，不是因为我赞成中国的观点，而是因为我们终于深入学习了一个问题，并且研究了一系列可能的解决方案。

成绩的评判是叙述性的，学术成绩单上没有分数，由一位指导教师撰写，里面会写出你的进步。我的指导教师写道：

"托尼·瓦格纳在过去这个学期的学习表现非常优异。他仔细规划时间，大量阅读，带着批判性，表现出刻苦学习的能力。在他的报告中，他极好地实现了生活和学习、政治和诗歌的高度结合，文风优美、平实。"

这真的写的是我吗？这个被中学劝退，从高中逃学，从两所大学退学的托尼·瓦格纳？有生以来第一次，我对自己的学术成就感到自豪。

虽然在讨论中有争吵，还有社交孤独，但是我终于找到了一所适合我的学校。

我们的公交车傍晚之后到达了墨西哥城。我们已经得知有几天要在首都完成迎新说明课程，然后才能去南部的库埃纳瓦卡学习，距离墨西哥城大约一个小时的车程。我渴望探索一番，因此第二天一大早我就步行离开了世界之友同学住的地方，沿着改革大道的宏伟大路往前走，跟随着熙熙攘攘的人群，他们说着我听不懂的语言，不仅仅是西班牙语，还有土著语言。鲜艳的黄绿色出租车从旁边疾驰而过，按着刺耳的多音喇叭，有时候根本毫无理由，或者可能只是享受他们发出的噪音。

每个角落都有棕色皮肤的女人坐在毯子上，齐腰的辫子在阳光下闪光，穿着长长的黑色长裙和衬衫，上面带有红色、橘色、灰色和紫红色的花朵。面前摆放着要兜售的物品：发光的银手镯和耳环，彩陶，手工布娃娃，就像是小婴儿的缩小版，几乎每个女人都紧紧地将之裹在一个包里，贴在自己的背上。他们抬头看着行人，带着渴求的大眼睛，但是非常沉默。

空气中充满了烧炭和烤肉的气味。沿着街道，男性小贩提供巨大的玉米饼，里面包裹着令人垂涎欲滴的烹调好的牛肉或鸡肉。其他人拿着纸杯，里面盛满了多汁的菠萝、芒果、草莓和我从来没见过的水果。我看了一会儿，发现他们会用鸡蛋和你选择的水果调制奶昔。有些人穿着脏兮兮、不相配的西式衬衫和裤子，其他人穿着传统的农民服饰，白裤子和衬衫，脑袋从彩虹色的披肩里钻了出来。不过每个人都穿着统一风格的凉鞋，用轮胎的皮革制成。

我终于来到了市中心的巨大的查普尔特佩克公园，比纽约的中央公园还大得多。那里的男人拿着巨大的氢气球，身边还有大堆香气四溢的花朵，都是要兜售的。很多家庭在那里野餐，他们的孩子在草丛之中嬉戏打闹，情侣们手拉着手在人行道上散步。好像每个人都在微笑、触摸、拉手。成千上万只不知名的鸟在高大的树冠上唱着奇怪的歌，城市上空，白雪覆盖着的波波卡特佩特火山和伊斯塔西瓦特尔火山像哨兵一样矗立在湛蓝的天空下。

我对于发展中国家的刻板印象是肮脏、贫穷、难以生存，我在墨西哥肯定也见到了这样的地方。但是这一刻，我对于这个城市跟我的想象有多么不同感到讶异。我从来没有到过一个地方，感到这么愉悦。无论是内心还是身体，我都觉得好像是被一阵柔软、纯洁的波纹抚慰过。

看够了人群，我慢慢向公园山上的城堡走去。1910年革命前，这是西班牙殖民者派来的总督和国王居住的地方。现在是一座历史博物馆。跟墨西哥其他部分一样，这座博物馆震撼了我。

一间接着一间屋子，我看到了色彩浓烈、栩栩如生的壁画，它们似乎不受墙壁二维空间的束缚。自从在莫格利斯看过韦斯特先生绘制的吉卜林的《丛林之书》壁画，我还没见过这么生动的艺术作品。但是这些画作内容非常不同：他们描述了墨西哥人民几个世纪以来受到压迫和折磨的历史。残忍的阿兹特克战士把敌人的心脏作为宗教的祭品，放在石头圣坛上。骑着战马、手持枪剑、身穿铠甲的征服者踢踹和鞭打当地人。一群带着头盔的壮汉控制着一个裸露的农民，把那个农民五花大绑，实行绞刑。一些牧师无动于衷。一位袒胸露臂的女人正在挣脱手腕上巨大的手铐，几乎要从墙上跳下去，然后就是革命的场景：她是如此坚决地反抗背景中的白人男子。

农民方阵戴着墨西哥阔边帽，斜跨子弹带；在黢黑和炸弹轰炸过的土地上，躺着死去的人们和马匹，他们身边是遭到抛弃的小船；获胜的混血麦斯蒂索人带着胜利的骄傲穿过街道和田地，戴着高高的号角，扛着新的墨西哥国旗。无论是古代还是现代的墨西哥人都带着纯粹的力量和决心，即使他们半裸着似乎在世界面前显得不堪一击。

欧洲人惨白的脸上都带着怒容，手里总是有一把剑或枪或者鞭子。

这跟我在美国博物馆看到的完全不同。我进去的时候拿了一本英文的介绍册子，现在我如饥似渴地读着，想明白是谁画出这幅苍劲有力的画，为什么要画。

这幅画是3位壁画家的作品：迭戈·里维拉、克莱门特·奥罗兹科和大卫·阿尔法罗·西盖罗斯。他们都是革命主义者，相信艺术应该是为了所有人而创造，不仅仅是富有的人，因此他们在首都公共建筑上创造了很多壁画。他们还认为艺术的重要目标应该是帮助墨西哥人民明白历史和遗产。白人入侵者把骄傲的人民变成了奴隶，这些艺术家想帮助他们的墨西哥同伴找回身份和尊严。

我沉默地坐在城堡外面的长椅上，把壁画带给我的意义一片片拼凑起来，对于艺术能产生集体意识这个想法感到震惊。我们得知我们在墨西哥的这个学期包括为期3个月学习西班牙语、拉美课程，之后还有一个月的独立学习项目。我现在知道自己应该如何打发这段时间了：我要了解更多关于这些伟大艺术的事情。

几天之后，我们来到了跨文化文献中心（CIDOC）。中心在高山上，俯瞰着库埃纳瓦卡市，在一座被花园包围着的白色大农场里，是一个学习的绝佳之地。它优雅、贵族般的外表掩盖了墙内进步的思想。

CIDOC是由天主教蒙席①伊凡·伊里奇创办的，伊凡出生于维也纳。他上过佛罗伦萨大学，以及罗马的格里高利大学，并在那里成为

---

① 蒙席（Monsignor），或被称为"Monsignori"，是天主教会神职人员因着对教会杰出的贡献（诸如对于某个团体或分部的杰出管理等），从罗马教皇手中所领受的荣誉称号，这个荣衔只授予天主教会内领受圣秩圣事的神职人员。——译者注

专职牧师。他在萨尔茨堡大学获得了博士学位。毕业之后，伊里奇自愿成为纽约贫穷地区华盛顿高地的教会牧师，许多波多黎各新移民住在那里。30岁的时候，他成为了波多黎各天主教大学的副校长。之后伊里奇在安顿于墨西哥之前穿越整个拉丁美洲，并在1961年建立了跨文化文献中心。

蒙席一直是这个中心的合作者，总是给学生引见学术专家，他们会在走廊上聚集着吃午饭，然后在大厅举办激烈的一对一讨论。虽然他不再穿着主教的长袍或者佩戴神职人员的衣领，但是却总是穿着利落的白短袖上衣和熨帖整齐的深色裤子，增加了一种天然的严肃感和服务感。我偶尔会看到他露出牙齿微笑，但是我不记得见他大笑过。

蒙席的目标就是要更好地培养传教士、修女和他们的地区工作者。他知道要服务当地人，学会说他们的语言有多重要，他自己就能熟练掌握6种语言，学校的西班牙语强化课程是墨西哥最好的语言课程。但是他更担心的是很多来到这里工作的人都带着优越感，以及对穷人的鄙视。蒙席说"工业专制"是工业化社会对于当地文化的一种心理统治。因此在CIDOC他尝试着要创造一个"去美国化的中心"。

来自全拉美的学术专家来到CIDOC做讲座，并举办辩论赛，讨论国家未来的替代方案。会有关于拉美真正历史的讨论，是欧洲入侵者奴役当地人的历史。会有关于第三世界经济体制产生问题的讨论，因为这种经济体制主要是为富人服务。关于天主教会毫无疑问地服从权威的神学如何征服农民，也有过争论。还会讨论美国中央情报局帮助铲除拉美领导人的尺度，只因为那个领导人有社会主义倾向。有几次我参加了讨论，演讲者指出了古巴革命后在医疗和教育领域的进步，一些在中心工作的人似乎对于菲德尔·卡斯特罗政府的目标很同情。其中一人据传曾与切·格瓦拉并肩作战。

因为非常关注美国种族主义和越战的问题，我没有看到我们的经济体制通过给我们生产的东西创造供不应求的市场而用经济体系征服其他国家。我开始意识到这是文化帝国主义，比如墨西哥街头巨大的广告牌上兜售汽车、啤酒和香烟。广告中的每个人都很享受，但是都是白人面孔。广告牌不仅仅是兜售美国生活方式，还宣扬越白越好的理念。我现在明白了为什么我在城堡看到的壁画家，要努力创作艺术来讲述自己人民的故事。

当我感觉到研讨会要比我之前参加过的任何课程都更加有启发性和让我投入时，我开始努力要让自己在每天3个小时的语言学习中保持机敏，包括戴着耳机逐句听西班牙语录音，然后复述我在耳机听到了什么，有一个老师在旁边听我说，并且偶尔纠正我的发音。我不允许自己课后回到黑暗的小房间，记忆语法和词汇，我没有那个时间。我想要去探索这个新世界，"通过实践学习"。

尽管我缺少读书的时间，但是我用漫步街头的时间弥补。我几乎每天都坐公交车去库埃纳瓦卡，我会很自豪地在咖啡馆和公共集市锻炼我的西班牙语。我会用语气温暖的"Muy buenas tardes"①热情地跟人们问好，然后跟小贩为一个波萝或者一双凉鞋讨价还价，或者是我渴望很久的披肩。来回交流，透过皱眉、点头、微笑等，似乎都是小贩和顾客之间重要的社交功能。我用新学的语言进行这些交流。

---

① "下午好"，西班牙语。——编者注

3个月以后，我的语言已经足够熟练，可以开展我的独立学习项目——"艺术作为墨西哥社会变革的工具"。我采访了墨西哥的艺术家、作家、学生和知识分子。我参观了博物馆并看了戏剧。有一出戏是改编自汉斯·安徒生的童话《皇帝的新衣》。演出之后，导演告诉我他改编这出戏剧是要教育墨西哥儿童，有权力的人常常是傻瓜。

这次项目的高潮是能够跟大卫·阿尔法罗·西盖罗斯对话。作为一个公开的马克思主义者，西盖罗斯参加了墨西哥和俄罗斯革命及西班牙内战，1920年，他跟迭戈·里维拉一起发动了墨西哥壁画家运动。1960年，他因为公开批评国家主席被政府批准入狱。最近他给北越捐赠了列宁艺术奖的全部奖金——25000美元。

CIDOC安排了一些参观，探访西盖罗斯位于库埃纳瓦卡南部的艺术馆。我们到达不久，西盖罗斯就加入了我们，穿着熨帖平整的裤子、圆点衬衫，戴着一顶奇怪的帽子，混合了商业男士软呢帽和牛仔宽边帽子的风格。打过招呼并做介绍之后，他领我们进了工作坊，那是一间灯火通明的工作间，里面的每面墙上都是完成到不同程度的壁画，周围是梯子和架子。

他正在创作一幅新的壁画《行进中的人类》（*The March of Humanity*），他解释说，需要4年才能完成，它将会是世界上最大的壁画。他刻画的是几组人，有几个人站在工厂前面，充满蔑视；另外一个长着胡子的男人正在田地里摘玉米。"他们说墨西哥的土地和工厂属于墨西哥人民。"

接下来我们看到的一幅画像非常惊人：一位非常美丽的农庄妇女，乌黑的头发从腰部披散开来，脚边是花朵。"这幅画背后有一个故事。"他告诉我们。我有些期待这是他传说中的一个情人。"有一个朋友画了一幅穿着华丽衣服的贵族女人。他离开以后,我画了这幅画,挂在他的房子里,挂在原来那幅画的地方。他回来以后想知道他的画怎么了。我告诉他那幅画已经拿出去清理了。"他脸上露出了狡黠的笑容。

拜访快要结束的时候,我鼓起勇气问了西盖罗斯一个问题。

"先生,你为什么这么积极参与政治运动呢?"我带着犹豫问他。

"我不是在编织美丽的地毯。我是创造艺术。但是艺术是为了大众。因此我更喜欢壁画……"这位伟大的画家停顿了一下,看了看周围的作品,"但是有时候画画还是不够的。因此我在1936年去西班牙打仗了。"

我的独立学习和参观西盖罗斯工作室让我更加深刻地认识到艺术作为社会批判和意识的工具的重要性。它们还助长了我炙热但是模糊的志向。我创造的什么东西会有影响?我怎么能带来改变?写小说感觉是奔月一样的遥远。我甚至不知道从何开始。我参加了库埃纳瓦卡的一节艺术课,很快发现我并没有天赋。我甚至不懂怎么画画。也许我可以去上一个电影学校,但是想转去任何地方之前我还有一年的替代服务。

这学期结束的时候,学校要求我先别去学校在伦敦的欧洲中心,再待在墨西哥6个月,帮助处理一些行政事务。我不介意再在库埃纳瓦卡待一个学期,我热爱那里的人、食物和风景,但是他们想让我做那么多工作,而我只能做个兼职学生。感觉好像有人要求我暂停人生和学业,在很多方面,我确实是这样。

1967年秋天，我21岁了，我在墨西哥的这一年快要结束了。我的班级没有带上我就继续前进了，我基本上没有和即将来到墨西哥度过一学期的孩子有什么联系。跟我的班级里很多孩子一样，他们似乎对于免费抽的大麻质量更感兴趣，而不是研究这个国家，他们还冒犯了墨西哥的风俗——男孩的头发太长，女孩的裙子太短。那是孤独的几个月。

这段时间我再次读了一遍艾里希·弗洛姆的《爱的艺术》。在我来到米切尔菲尔德的兵营那个入学的学期，我第一次读到这本书，这本书给我的印象非常深刻，就好像是少有的那几本书，比如《一个青年艺术家的画像》，当然我也把这本书带到了墨西哥。在这本书里，弗洛姆描述爱不是一种神秘的东西，让你被动地陷入，而是一种日常生活实践的一部分，需要一个人增强自己去关心、尊重、负责和博学的能力。他还说自爱是傲慢和自我为中心的反面，为了能够主动地、真诚地爱别人，你必须首先要学会培养对自己的关心、尊重、责任和知识。最终他说生活的目标应该是一个人通过平衡和自律的生活来充分发展自己，包括运用冥想、锻炼、阅读和每天听音乐来实现。

在我的成长中，我的家庭没有太多爱，我从来没想过要锻炼自己爱的能力。我沉迷于以新的方式成长、成为更完整的人。我会参加世界之友非强制性的贵格敬拜会，感受他们沉静的力量，我被作为一种训练的冥想深深迷住了。我找到了好几本关于禅宗的书，开始练习每天静坐20分钟，试图让这颗对我的未来充满疑问的心平静下来。

独自一人坐在CIDOC玫瑰花园的长椅上，正在尝试冥想时，蒙席伊里奇走进来，安静地坐在我身边。虽然我已经来墨西哥一年了，但我们几乎没有说过话。他似乎总是在另一个更重要的世界里。

"托尼，你似乎很烦恼。"最终他用平静的声音说。

他怎么知道？我甚至认为他叫不出我的名字。

他专注地看着我，等我说话。"只是我在墨西哥的时间快到了，我真的不确定我回去以后要做什么。"我认真地试探，不确定我是不是应该因为自己的个人问题麻烦他。

"我听我在纽约的辅导员说，世界之友似乎遇到了危机。很多学生都离开了，还有一些留下的想要更多自由。他们不想每6个月就去一个不同的中心，他们可能想要更多时间完成自己的项目。"

"你想要的是什么？"蒙席问我。

"我不确定……我的意思是，我认为我想留在大学，但是我不想跟那些对学习不认真的同学在一起。我猜测我想创建属于自己的独立学习项目，但是我不知道是不是能做到……"

我不再说话，盯着我的脚。

"继续。"他温和地说。

"我估摸可能是因为我不够自律和自信。"

"托尼，你遇见上帝了吗？"

跟上帝有什么关系？我对于他的问题很困惑，不知道如何回答。

最终我说，"我曾经祷告，我认为是一种祷告。在夏令营的森林里的小教堂里。但是之后……"我能跟他说剩下的吗？他会不会因为我的行为不尊重我了？"但是之后，我就不再相信有上帝了。"

蒙席笑了一下。"我说的不是上天的那个神。我说的是内在的上帝。"

"我……贵格会确实是用那种方式形容上帝。但是我从来……"

"他就在你心中。但是你要腾出时间和空间去发现他。"

蒙席把一只手放在我的肩膀上。我回头跟他对视。他停留了一会儿，然后站起来走开了。尽管不确定，我还是感受到了祝福。

两天之后，我坐上了通往迪坡斯特兰的公交车，这是一个坐落在特坡兹特兰山脚下的小村庄，只有5000人居住，距离库埃纳瓦卡大约16英里。据说这里是羽蛇神的出生地，是阿兹特克人信奉的一位带着羽毛的蛇神。在小镇上空高耸的悬崖上，矗立着一座古老寺庙的废墟，这座寺庙是为了向普尔科（Pulque）酒神（Tepoztecatl）致敬而建的。普尔科是墨西哥最古老的酒——一种用仙人掌的果肉制成的饮料。

我踏上的是寻找上帝的朝圣之旅。我的上帝。但是我首先要去那里。

我从墨西哥人身上学到的一件事是，他们会以完全肯定的方式礼貌地为你指路，即使他们不知道哪条路是对的。我成功地从混乱的公交终点站找到了正确的公交车，跟5个人练习了我的西班牙语。

虽然公交车身是黄色的美国校车，但是当地的每一辆墨西哥巴士都是独一无二的艺术品。车的两侧勾勒鲜艳的条纹，保险杠上是花朵的画作，挡风玻璃上挂着神龛或者宗教风情的装饰。开往迪坡斯特兰的公交车上用大写的字母写着jesús en tí confío——"我相信你"。

司机的前视镜上挂着十字架和天主教念珠装饰，开车的时候就好像真的确信耶稣会照顾他。我们在山间的弯道上呼啸而过，从陡峭的山峰俯冲下去，超过了踽踽独行的破卡车，几乎都没看见车就转弯了，这趟旅行真是一半踏入死亡之旅，一半要走马戏之路。

每当公共汽车在坑坑洼洼的黑色柏油马路旁突然停下来，一群农民挥手示意时，就会发生一场马戏团表演。每一站演员停下来演戏的时候，你都会惊讶于一辆大众甲壳虫里究竟能塞进多少人。女人和孩子都摞在一起，男人拿着装满的行李箱、粗麻绳捆绑的纸箱子、装着谷物的粗麻袋子，巴士车顶上还绑着里面装着乱叫的鸡的木头笼子，他们把自己塞在家人旁边，破损的塑料双人椅子上至少要坐三到四个人。一旦椅子上坐满了人，男人要么站在过道上，或者挂在巴士后面。我被这些路边演出逗乐了，但是之后巴士就会倒车，我就会再次在惊吓之中面色苍白地紧抓着前排的座椅。最终奇迹般地，每个人和每样东西都毫发无损地到达了迪坡斯特兰。

我在市中心的哥特风格的灰色石头教堂里短暂停留，埃尔南·科尔特斯结束统治不久之后，天主教传教士就修建了这座教堂。推开巨大的木门，我站在一个幽长的高屋顶空间里，彩绘玻璃窗上投下来的缕缕阳光照亮了这里。远处的圣坛周围有4根巨大的白色柱子，柱子后面有两幅壁画，一边一幅，描绘的是一个穿着袍子的孤独男人，沐浴在橘色的光中，伸出手，好像在向上天祈求。圣坛上有一个五英尺高的流血的耶稣雕像，钉在十字架上，戴着荆棘冠冕。空气中充满着强烈的香甜味道。圣坛旁边，是一位穿着黑色衣服的老妇人，头上包着头巾，单膝跪在长椅前面赤陶色的地板上。她的上帝可能在这里，我边往外走边想，但是我的不在这里。

在傍晚太阳长长的阴影下，我沿着尘土飞扬的鹅卵石街道慢慢地走着，这条街道从村庄通向大山。这条路很快就变成了土路，因为周围都是休耕的田地。已经是晚秋了，收获的季节已经过去，雨季很快就要开始。走了大约半小时，我发现了我正在寻找的道路，这条路陡峭地向上穿过森林，又走出森林——2000英尺高，一直通向上面的寺庙。帆布背包的带子嵌入了我的后背，我的衬衫已经被汗水浸透了，我爬上了粗砺的、布满岩石的小路。但是现在太阳也在落山，空气变凉，蓝色的天空逐渐浸染成灰色。

我到达摇摇欲坠的石头金字塔所在的山崖时，已经是傍晚了。我从背包里拿出一个手电筒，然后缓慢地走出森林，我原本打算在那里过夜。那是一个简朴的庙宇，像3个堆叠在一起的方形石头盒子，每一个都比下面的那个更小一点，有50英尺高，直接冲入天空。我从底部爬上了通往顶端的楼梯。

我一边发抖一边坐下来，抬头看看外面渐浓的黑暗。远处，在另一个山脉上，我看到了淡红色的夕阳的最后一抹痕迹，而在我下面，迪坡斯特兰的几盏灯像萤火虫一样在谷底闪烁。头顶上，晶莹剔透、墨黑的天空上布满了闪烁的星星。我从包里掏出食物，是裹着辣椒酱、肉桂酱和巧克力酱汁的鸡肉，这是我最喜欢的墨西哥美食（mole poblano），从来没吃过这么好吃的，我边吃边想，凝望着夜空。

一只孤独的猫头鹰发出"呜呼呼"的叫声。我现在比以往更加孤单。甚至比我在莫格利斯森林教堂还要孤独，在那里我还能听到湖边孩子们发出的微弱声音。很奇怪的是我并不感到孤独。我早就料到会感到害怕，一个人孤零零地站在这里。但是其实我并没有。

　　我能感受到的就是一阵诡异的平静，我的头脑慢慢从嘈杂中变得安静。这就是我想在冥想中找到的平静的思想，但是我还从未找到过。

　　这就是蒙席的意思吗？上帝自在我心吗？可能是这样。我知道的就是，此时此刻，我第一次感觉到我生命中有一种平静的自信。我从童年时代那畸形的破茧中爬出来，很快就会展开翅膀。

　　Mariposa，西班牙语"蝴蝶"。我微笑了，我找到了我的道路。

个性化学习：
兴趣与学习并行

　　兴趣总是在探索中发现的，像一种游戏。如果兴趣是真的，它们最终会随着时间变成热情。但是想要保持热情需要自律和专注，才能加强这种目的感。

　　1968年的春天对于信奉非暴力的理想主义的美国年轻人来说是一段很残忍的时光。首先，马丁·路德·金于4月被枪杀，华盛顿、芝加哥、巴尔的摩还有几十个城市的黑人区都发生了暴动。学生开始变得更加愤怒和敌对，超过一百万的学生进行罢课，控制了很多大楼，抗议越南战役升级。罗伯特·肯尼迪，因为说他竞选总统是为了结束战争，也在6月遭到暗杀。我非常震惊和恐惧，我相信金和肯尼迪是能够带我们走向更好的"希望之地"的领导人。"美丽美国"？不再是了，我们的国家正在分崩离析。

　　因为发生的这一切，我看不到目标。完成替代服务以后，跟着世界之友去各种地区中心，跟一些对于学习并不严肃的孩子一起，让我倍感疲惫。每个地区只能待六个月，意味着我最多只能对于当地文化有一个浅显的理解。我在墨西哥待了一整年，我知道还有很多东西要去学习的。我还对解决我自认为是美国的头号出口产品的问题非常有兴趣：日益增长的消费主义毒瘤。那些贫困地区在不断地接触到市场营销，让他们用信用卡去购买他们基本不需要也负担不起的东西。他们相信拥有更多这些东西能够神奇地让他们拥有更好的生活。

　　我知道那是一个谎言。拥有大量的物质财富也不能让我的父母或者他们的朋友更幸福。实际上，在我看来，在我访问过的墨西哥的一些小乡村里，人们在日常生活中有更多的满足感和更强的社区意识，这与我长大的富裕的郊区社区不同。让我深感沮丧的是美国作为世界消费的中心，正在非常卖力地劝说世界上其他国家，他们需要更多我们制造的东西，这个想法就是杜撰的。

　　我相信美国的年轻人应该塑造一种不同的人生路径，这种生活基于创造和学习，而不是消费。问题是我这一代的很多人，比如说我在世界之友和其他地区遇到的人，似乎都很迷茫和愤怒。很多人把毒品当作一种娱乐，认为吸食大麻和致幻药物是一种革命性的行为，是取代战争的一种制造和平与爱的方式。实际上，他们中很少有人是爱好和平并且友爱的。

我读到一篇艾里希·弗洛姆写的文章，谈及反叛者和革命者之间的不同之处，让我更加明白我观察到的一切。我周围的人都在寻找一种从压迫的家庭、机构和服从的压力中解放出来的自由。他们反抗这种他们认为乏味的、循规蹈矩的生活方式，但是他们没有找到替代品，除了毒品。

弗洛姆写道，真正的变革者能够让自己和工作向着更加健全和公正的世界发展。首先，追寻这样的生活需要真正的自律。我的冥想实验，还有花更多时间阅读和写作，让我开始意识到更有目标的生活是很难的。相对而言，吸毒更加容易。

如果一个社区或一种文化支持个体努力成长和自我发展，是什么样的呢？什么样的教育能帮助人们更加充分地认识自己呢？

在我完成世界之友替代服务的几个月前，我开始跟我的辅导员探讨创造一种扩展的独立学习项目的可能性，从而追寻这些问题。他跟我一起研制了一份长长的阅读清单，包括哲学、宗教、心理学，并拟定了一份研究计划，提交给全体教员。我写道，我会参加大都市涌现的所谓的的自由大学的课程，参加周末的人类发展研讨会，还会访问社区。在我独立学习项目的第二年也是最后一年，我会关注我的论文写作，这是毕业的要求，但是我的论文会采用小说的形式，囊括我学过的所有内容。我的论文题目是《富裕的贫穷》。

我是全校唯一要求开展独立项目的学生。两年前，第一次在格林贝尔特的野营地见面后，我和康尼马拉一直保持着联系。我们会忠诚地跟彼此联系，在我们在世界之友各地校区游学的学期间隙，一起在美国各地进行了几次旅行。我们1968年5月在米歇尔营地会面，那时我们已经是一对情侣。那是康尼马拉在世界之友学习的最后一年，她开始完成关于教育新方法的论文，也希望能够不受其他学生的干扰。她也提出了一个建议，独自研究华德福学校创始人鲁道夫·斯坦纳和玛利亚·蒙台梭利的工作。

我们告诉我们的辅导员，如果不能接受我们的研究议题，我们就会从世界之友退学。教职工考虑到我们两个是全校最用功的学生，批准了我们的计划。因此，康尼马拉和我成为了研究对象，我们研发了学生设计的学习项目，完全独立于学校的常规课程。我们还会记日记，每个月通过邮件跟我们的辅导员联系，然后每个学期回到校园验收我们的作品。除此以外，我们可以自由地在任何地方学习我们想学的东西。

在墨西哥的时候，我遇到了一位叫作迈克·麦克比的精神分析师，他接受过艾里希·弗洛姆的培训，我跟他聊天的时候试图理解我不幸的童年和悲惨的青少年时代。麦克比还在CIDOC进行了一系列讲座，主要讲述他跟弗洛姆在墨西哥乡村所做的人类学研究。他还写了很多关于教育的文章。因此当麦克比告诉我他在斯坦福得到了一个职位时，我建议康尼马拉我们可以搬到旧金山，这样我就可以继续跟麦克比见面了，她可以请麦克比当她的论文导师。我们在整个国家开始扩展独立游学。

独立学习，现在的名称是"个性化学习"，是当今教育界的一股潮流。因为创新方式为荣的学校给学生提供了机会"按照自己的步调"在电脑上学习，或者从软件项目列表里选择一种他们想学的软件。但是这些方法几乎还是让学生学习指定的学习内容，唯一个性化的地方只是学生完成材料的速度，或者他们学习单元进度的顺序。这种个性化方式听上去是一种进步，但是并不能引发学生的好奇、自律或者独立学习。更糟糕的是，学生在这种项目中一天大多数时候经常是孤立地学习，很少有机会能够跟同龄人或者老师学习。

我跟康尼马拉给自己创造的项目则与众不同。我们根据问题和主题设计了我们的开题报告，我们只找自己特别感兴趣的话题，我们的项目需要我们采取主动，并且拥有真正的自律。我们知道我们需要找到能帮助我们学习的导师，同时还有跟同龄人一起学习的机会。但是首先必须要找到一个住所。

我们来到旧金山大街的时候真的是举目无亲，而且没有地方待。我买了一张报纸，拿了一堆硬币，根据广告打电话找一个可以租住的地方。每个房子都有人住了。我们决定在街上浏览，想在橱窗上随机找一个出租的标志。

令人喜出望外的是，我们不到一个小时就找到一处。我们在城市出名的坡道山上敲开了一扇厚重的维多利亚式住宅的大门，看到了一个两居室公寓，里面的顶层有一个小厨房。风景美不胜收，西邻金门公园和大海，北边是大桥的红色大梁，在远处是马林郡的山丘。我在写定金和第一个月租金的支票时，问房东要了地址。

"你不知道？"房东笑了，"这里是阿希伯利街964号。海特大街离这里只有3条街远，就在山下。"

去年有一场"人类大聚会"运动，近3万个嬉皮士在金门公园聚集，听艾伦·金斯伯格、劳伦斯·费林盖蒂，喜剧演员迪克·格里高利等人的诗歌。还有后来出名的摇滚乐队杰佛森飞机、感恩而死乐队和大哥控股公司乐团。挖掘者（Diggers）会派发免费的食物。人们会大量使用致幻剂，当提摩太·利瑞建议他们"打开、适应、退出"的时候人们爆发出赞同的怒吼。有时候活动一结束，有人建议1967年应该是"爱之夏"，海特－阿希伯利成为了变革中心。上万个"配花嬉皮士"来到海特。他们建立了社区、临时住所、冥想中心、瑜伽班、免费食物派发点、医疗中心和孩子们的免费学校。

现在，一年以后，海特绝不是一个新移民所追求的乌托邦。它变成了一个嬉皮士消费中心和吸毒场所。一间又一间临街小商店叫卖着嬉皮服饰和必备的装饰品，从串珠、熏香、凉鞋、喇叭裤、领子染色的T恤衫，到在黑暗中闪闪发光会产生迷幻效果的海报，带着"致幻"闪灯的迪斯科灯球，还有大麻球。几步以外，乞丐正在乞讨。醉鬼躺倒在油腻腻的街道上。

所谓的反主流文化者俨然沦为美国消费主义社会的另一个版本。这并不是康尼马拉和我来这里的目的。

接下来的9个月是一段激动人心的探索之旅。我花时间了解城市的其他部分，高兴地坐着有轨电车来到街道的尽头，我们穿过厚厚的浓雾，他们不断按着喇叭。我会去当地禅学中心听讲座，还去听湾区举办的另类生活方式的演讲。

康尼马拉除了会进行基础教育新方法的研究，还在当地公益学校做教师志愿者，她告诉我学校的创始人是受到 A. S. 尼尔的《夏山学校》的启发。出于好奇，有一天早上我跟康尼马拉一起去参观了学校。我想看看这所学校跟我高中毕业以后读的那本书里我想象的学校是不是一样。

我们走进那所由教堂改造的灯光昏暗的学校以后，我看到了十几个孩子，年龄从5岁到10岁不等，到处尖叫和跑动，到处扔东西，还会争吵。在一个角落里，我看到一个男孩正在费力地搭建一座积木小桥，但是很快就被另一个孩子踢散了。

"嘿，去你的！"他一边喊，一边把一块积木朝着入侵者扔过去。

房间的另一边，两个女孩正在因为一件戏服大打出手。"我先来的。"其中一个尖叫着。她从另一个女孩手里把衣服抢过来，几乎一个袖子要被撕掉了。

"老师在哪里？"我问康尼马拉。

"他们可能在楼上喝咖啡或者聊天。他们认为孩子们应该自由地做自己想做的事情，不需要成年人干涉。"她解释说，"他们说孩子独自在这里会解决问题。"

我几乎听不到康尼马拉的声音，孩子们就是在屋子里自由自在地奔跑、喊叫。我离开的时候她正试图控制一些最吵闹的男孩。

这并不是尼尔一开始的初衷。没有任何学习。我甚至没有看到一本书。也许尼尔想要追求的绝对自由并不是答案。尼尔的想法是"给孩子自由，而不是限制"。但是有界限吗？

当时，我非常困惑，并且决定阅读一些康尼马拉的关于蒙台梭利的书籍，与尼尔的模式不同，她说这些书会提供一种结构更好的学习方法，而且这些方法也会给孩子们很多独立性。玛利亚·蒙台梭利1870年出生于意大利，本来要成为一名内科医生，但是随着时间推移，逐渐研究出一套教授小孩子的教学方法，包括通过精心挑选的材料建立"学习阶段"，然后让孩子从中挑选。有阅读角，有积木娱乐角落，有绘画角落，有穿衣角落，等等。蒙台梭利式教师接受的训练是观察和静静地干预，从而帮助孩子扩展学习或者根据自身兴趣选择一种新的活动。全球大概已经有上万所蒙台梭利学校，但是几乎都是给小学阶段的孩子上课。

所有康尼马拉关于教育的先进方法的书籍都关注年幼的孩子，就像蒙台梭利所做的那样。回想我高中的经历，我好奇蒙台梭利的教育对青少年是不是有用。如果孩子们有机会选择他们想做的科学实验或者他们热衷的历史研究，或者阅读他们喜欢的小说，这样会有用吗？那么数学呢？

我没有时间去探索这些问题，但是我会在我的周记中加入新的"教育议题"板块。我现在把注意力集中在我提出的论文主题上：如果不是基于消费，一种社会、一种生活方式会是什么样子的呢？我阅读了关于社会学和心理学、乌托邦历史、禅学导读、小说和诗歌的书，用我的日记记录和思考我学习到的东西。

韦斯特先生关于美国原住民文化的精彩课程影响了我自学课程选择的书籍。我选择的第一本人类学书籍就是西奥多拉·克罗伯的《两个世界中的伊什》。伊什是北加利福尼亚州部落最后存活的成员，他躲避欧洲和美国入侵者的时间长达40年之久，一直到1911年他才从荒野里出来。很幸运的是，他成为了一位人类学家艾尔弗雷德·克罗伯（西奥多拉的丈夫）的朋友，他保护着伊什，接下来几年，一直到伊什去世，他学习部落的生活方式。

西奥多拉·克罗伯对加利福尼亚印第安人性格和文化的描述帮助我确定了我在墨西哥村庄拜访的感觉。也就是人们没有现代的便利生活方式也能生活。实际上，这样做能提供一种我认为的高质量生活：

> 加利福尼亚的印第安人内向、保守、善于思考，并且有哲学的智慧……做一个克制、有尊严和正直、合乎中庸之道的男人是一种理想……生命从出生到死亡，一直在已知和恰当的模式范围内进行。它的重复节奏被仪式、求爱、舞蹈、歌曲和宴会所打断，每一种都根据追溯到世界之初的习俗建立起来……

现在有可能过上这样的生活吗？在20世纪的美国过着"原始生活"是什么意思呢？我一直在世界之友日记中记录着这些问题。

海伦·聂尔宁和斯科特·聂尔宁的图书《过上美好生活》提供了一些答案。聂尔宁在1932年逃到了纽约，当时是大萧条的顶峰，接下来的20年都生活在佛蒙特的宅地上。他们修建了一座房子，然后用他们从土地上找到的石头向外扩建，大部分地方种上了自己的食物，过上了素食主义生活。不过我最喜欢的还是他们对于"美好生活"的描述，包括每天4个小时的体力劳动，4个小时的智力和艺术追求，演奏音乐，写作或者阅读。跟弗洛姆在《爱的艺术》中描述的平衡和有纪律的生活惊人地相似。

综而述之，这3本书——《两个世界中的伊什》《过上美好生活》和《爱的艺术》——塑造了我对自己想过的生活的想法，那种与我父母完全不同的生活。康尼马拉跟我讨论过，她完成论文以后我们就搬到乡下去。我们听说一位贵格教徒在加拿大乡郊开办了一所寄宿制学校，一旦我取得学位，就要申请在那里教书。我都能想象到自己教授高中英语，但一定是以一种跟我接受的教育完全不同的方式。老师这份工作还能让我有更多时间写作和旅行。

受到聂尔宁的激励，我开始寻找我自己的"美好生活"，包括用更自律的方式写作和阅读。自从从里士满职业学院退学以后，我第一次开始参加正式的课程。我自学确实是有难度，因为没有任何指导和讨论的助益。

我上的第一节课是抒情写作研习课，老师是罗伯特·列文特。罗伯特是东岸大学的退学学生，大概30岁，一头蓬乱的卷发和肆意生长的胡子。罗伯特的生计是制作画框，但是他为了释放自己的写作热情，就会偶尔教课。

我喜欢他的研习课，课程结束以后，我问他是否考虑为我进行每周写作辅导。他同意了，而且就像希灵高中的爱德华兹老师一样，他鼓励我用不同的写作方式进行尝试。但是跟我高中的经验不同，罗伯特还会推荐图书或者作者让我去探索，我们每周的会面就是一次生动的探讨，也是我能得到关于我作品反馈的时机。我们会一起讨论舍伍德·安德森的《小镇畸人》，那是他最喜欢的一本书，还有屠格涅夫的《猎人笔记》，那是我那时最喜欢的一本书。

罗伯特还是一个出色的摄影师。他会在海滩区的艺术集市展示和售卖他的作品。在他的公寓里，他有一个小的工作间，他会用颜色艳丽的原木装裱他拍摄的自然作品。我在墨西哥研究壁画大师的经历，在欣赏这些视觉艺术作品时被唤醒了，每次写作课之前我会先欣赏罗伯特的照片。最终在1968年后半年的时候，我去了城里的典当行买了我人生的第一台照相机，35mm宾得的单反照相机。我除了请罗伯特教我写作，还请他教我摄影。

有一天，他没有看我最近拍摄的摄影作品，而是叫我一起去旧金山现代艺术博物馆。我不喜欢抽象艺术，但是罗伯特让我站在一幅接一幅的画前面，让我看着那些色块和形状，直到我开始看懂里面的构图，并且能够给他指出。那时候他才叫我注意每幅画里面的运动感，吸引人眼球的地方，还有这幅抽象作品如何运用我喜爱的壁画家的构图原则。这种沉浸式学习确实是令人震惊的学习体验。

回想起来，我自己是绝对不可能走进那样的博物馆，更不会自己对构图有更深的理解。像罗伯特、爱德华兹老师或者科罗内尔·埃尔韦尔这样的好老师，都会看到学生的需要，然后带他走向下一个学习水平，做一个教练，提供适当的压力和支持。那天罗伯特带我去博物馆就是这样做的。

视觉得到训练，我拿着相机爬上了马林郡的塔玛佩斯山，高高的草地的甜香味唤醒了我在农场割麦子的记忆。我漫步穿过缪尔森林，带着敬畏看着高耸的红杉林，爬上了雷耶斯岬半岛的岩石悬崖，呼吸着咸咸的空气，巨浪一个接一个地翻滚着，轰隆隆地落在下面的岩石和卵石海滩上。通过照相机镜头，我带着新鲜的视角看着这个世界。就像我写作的时候，我花在摄影上的几个小时如同几分钟，时间像沙子一般从我的手指中流过，无始无终地消失。我知道我至少会花掉人生的一部分时间去创造有意义或者美丽的事物。

我从来没想过自己会靠当作家或者摄影家谋生，但是1969年的冬天，我毛遂自荐给《自由新闻》写一篇摄影文章。这是当地的一个另类新闻报纸，这篇文章写的是人类活动如何摧毁旧金山海滩的自然美景。我花了好几天时间，追踪塑料瓶和布满疮疤的野生湿地上的油田，拍摄照片，拍摄为了建造交流电塔而被清理出来的大片土地，它一直蜿蜒到最初的海岸线上，房屋开发就像未被破坏的自然栖息地上留下的深深的伤疤。

看到我的摄影作品刊登在报纸的特别专栏上的成就感，很快就被沮丧给取代了。这是在记录人类破坏大自然，但是我们——实际上是我——到底在做什么呢？我开始大量阅读，如《被掠夺的星球》《寂静的春天》《人口炸弹》，还有指出跟自然和谐共生的生活方式的图书《沙郡年记》《森林和大海》。

但是仅仅是阅读感觉还是不够，我又申请参加了加利福尼亚大学的两门课程：自然资源保护和普通生态学导论。我第一次走进教室的时候，肯定自己的选课是一个错误。我能闻到空气中的粉笔灰尘，我的身体因为抗拒而僵硬。这个地方看起来和闻起来都与其他我有过糟糕经历的地方一样。但是我很快意识到参加常规课程是为了寻找问题的答案，跟我过去作为学生的时候非常不同。因为我对于我们所学的内容很有兴趣，我能够更积极主动地听老师的讲座，自如地选出和保留对我最有用的信息。

两门课都帮助我理解自然界精妙的生物网。这些课比我在高中被强制参加的生物和化学科学课要更加贴近生活。为什么规定那些课是必修课，而生态学不是呢？谁来决定必须要上哪些课？更多的问题填充了我日记的教育议题部分。

一年快要过去了，因为很多组织都在新左派旗帜的保护下有很多疯狂举动，我对此感到非常失落。围绕民主党大会发生的芝加哥暴动被大肆报道，让我感到恶心；杰瑞·罗宾、艾比·霍夫曼还有他们的"雅皮士"团体，他们把政治抗议变成了让中产阶级感到厌恶的大麻小丑秀，我对此也很愤怒。在公开场合吸食毒品和与警察对抗不能结束这场战争或者为我们赢得同盟，也无法创造一个更为公平和平等的社会。

那年春天，我在斯坦福大学参加了一场不同的游行。我们抗议大学对于斯坦福研究所的资助，因为斯坦福研究所为美国国防部做了大量的机密研究。我们有一个简单的口号："研究生活，不是死亡。"一个传单上写着："研究癌症治疗方案和解决贫穷的方法，不要研究如何让凝固汽油炸弹更致命。"我们的和平游行吸引了很多人，不仅仅是那些常见的长头发或者留胡子的二十几岁的年轻人，还有带着孩子的家庭，我感觉我们秉持的精神更像是早期民权运动和反战示威的精神，是一种肯定，而不是敌对。

我坐下来在我的日记里记录，我在游行中看到的和我在课堂上学到的东西之间的联系。我写的时候，突然想到社会变革是一种拯救星球的必要手段，这种手段要比常见的愤怒和理想化的说辞对人们来说更有说服力。

我的日记最后变成了给新左翼的一封公开信，最后成为了一份声明。"当今最基本的问题就是生命会不会继续在这个星球上存在，"我写道，"我们可能会讨论经济的替代方案，直到我们变得冷漠和麻木，但是不可否认的生态现实是经济正在无限制地不断增长，螺旋增长的、盲目的'进步'经济不可能在有限的环境中长期存在。"为了避免愤怒的抗议，我建议我们应该在空地上建立小型公园，我敦促所有高中的科学课程都应该包括物理环境的研究：过去、现在和未来。最终我呼吁大家行动起来："只有一个地球！我们必须要把注意力转向控制人口、停止掠夺、清扫地球，让地球成为适合生存的地方。"

我称之为"革命的生态"，然后把文章发给了一个有影响力的新左翼出版物，一个名为"WIN"的杂志，WIN代表着"非暴力研讨会"（Workshop In Nonviolence）。几周之后，我双手颤抖地拆开了回复同意发表的信件。这是我第一篇公开发表的文章，最终还收录在两本选集中，分别为《生态战略：塞拉俱乐部的自然活动主义者手记》和大学读物《污染报纸》。我简直不敢置信。

我独立学习的这一年，经历的富足程度简直是一个奇迹。在极大的好奇心的驱使下，我不停的记录和看似随机的阅读、研讨会和课程，都以一种我从未计划或者期待的方式结合了。我写了一篇文章影响他人，被上万人读过。我开始感到我的教育中有一种使命感和目的性，而不仅仅是按照我原本的计划，以写小说的形式完成我在世界之友的毕业论文。我决定写一篇真正的论文，是关于日益加重的环境危机的。

康尼马拉的论文在1969年春天通过了，她通过邮件收到了世界之友的证书。我们6月在旧金山贵格会结婚了，我们一整年都在参加贵格会的活动。婚后，我们立刻收拾好我的沃尔沃汽车向东部进发。我们想生活在乡村，我的辅导员鼓励我追寻自己在生态方面的新兴趣，可以在佛蒙特州东巴纳德叫作霍克山的示范林地进行实习工作。

路上我和康尼马拉绕路去参加了宾夕法尼亚州哈弗福德学院的世界反战国际协会300周年大会。当天是甘地诞辰100周年纪念日，会议主题是"甘地的遗产：自由与革命"。在旧金山湾区，因为感觉跟其他的嬉皮士、雅皮士和其他各种各样的群体非常疏远，我想要在反战这个群体中找到一个社区。我还对组织成员对于生态危机有什么想法感到好奇。但是主题演讲和小团体讨论主要关注反对越战的需求，议程上没有关于环境的问题。

在研讨会结束的时候我看到了改变的机会。我举手提问，主持人真的叫了我。我的膝盖发软，站在几百人参加的会议前，我简单解释了我看到的战争机器和地球掠夺之间的联系，但是我提议世界资源研究所应该成立一个生态委员会。出乎意料的是，我的提议很快通过，他们要求我管理这个新部门。

整个会议对我来说最重要的时刻，就是跟纳拉扬·德赛谈话，他是甘地私人秘书的儿子。德赛在甘地的隐修处长大，是印度和平旅最年轻的领导人之一。他同意当天下午晚些时候会议快结束时，在他的房间跟我们会面。

阳光透过狭窄的窗户倾泄而下，德赛弓着背坐在一个小型纺织机旁边。他40多岁，穿着简单的、白色松散夹克和看上去像睡裤的裤子。我们受邀坐在他旁边的地板上。整个对话过程中，他的目光都停留在他面前细细的、不均匀的线上。这丝线几乎像魔法一样从他一手拿着的一团粗棉中冒出来，他的另一只手转动着纺车的曲柄。

他解释说他在缠绕一种棉线，纺出的布叫作印度土布，是甘地敦促印度人民做的，是对于英国殖民统治的一种反抗。如果当地人能够自己做出穿衣的布料，他们就能抵抗英国进口，然后距离独立更进一步。纺车很快就变成了甘地独立运动的一种象征，出现在了独立运动旗帜的中心。

但是甘地并不仅仅主张纺织印度土布是一种政治行为。德赛告诉我们，在激烈的人群中，想要保持非暴力就需要内在精神和心理上的准备，真正的革命必要的是有耐心。他还在坚持纺纱培养耐心，因为线总是断掉。

过去一年，我跟各种各样自称是革命家的人接触，但是没有一个人像德赛那样。因此我问他，当说起革命的时候他是什么意思。

他看着窗外，窗外是温暖的午后，他凝视很久才用平和但是坚定的声音说："革命就是把个人优势转变为社会价值的活动过程。"

怎么做呢，我想着，这样的革命怎么发生呢？不可能整整一代人都只是冥想或者去阿兹特克山顶的神庙。我认为上学使我们变成了这种状态：学着去服从权威，尝试着融合，学会尊崇，做一些不需要头脑的工作，接受现成的答案，从来不去质疑。

但是假如学校让我们准备好变革，不是吸毒或者跟街上的警察冲突那种变革，而是德赛说的那种真正的变革呢？就是在那间房间里，盘腿坐着，因为突然出现的一根线而着迷，我开始思考教学不仅是一种生存手段，而是一种为了更好的社会做贡献的方式。

到达佛蒙特州的时候，康尼马拉和我找到了一间有百年历史的农舍（在东巴纳德和新罕布什尔州汉诺威之间），我们将其租下，我要去那里的林地工作，汉诺威是达特茅斯学院的所在地。简单的木板房坐落在一个高地上，俯瞰一个大的海狸池塘，周围都是高耸的森林和连绵的山丘。那片地方让我想起了"正午阳光"，但是更加广阔。没有奶牛，只有鹿、松鸡，偶尔还会有熊。

康尼马拉开始摆弄纺织机，我开始完成日间森林里的工作。要保持树木常青需要经常修剪，砍掉小一些的枝丫让那些最健康的部分长起来，实现规律的丰收。如果没有宽敞平坦的草地是不可能完成这样的工作的，因此我首要的工作就是要清理和打扫悬垂的树木，还有路上堆积的灌木。

我很喜欢再次回到森林里：阳光温暖着我的脸颊，松木发出清香，树木在风中低语，当我熟练地砍树和修剪小树时，我喜欢斧子拿在手里的感觉。9月的一天早上，当我第一下就砍断一棵弯折的银色桦树的枝桠时，昨夜大雨的雨水从树叶上倾泻而下，浇得我浑身湿透，我禁不住大笑出声。

但是每天都在森林里工作，连续几个月后，我意识到我对于生态危机的社会学要比科学更有兴趣。我想知道我们怎么会变得如此糟糕，我们能做些什么。虽然我乐在其中，但是我决定辞去我在林地的实习工作，开辟一条不同的道路，通过书本和论文完成的道路。斯蒂芬·迪达勒斯说过，"注定要远离他人，才能习得智慧"。似乎我也是这样。

我在世界之友的辅导员非常支持我，他坚持鼓励我，给我建议和反馈，但我主要是靠自己。每天早上吃完早饭，我会拿着咖啡去那间空出来的房间，那是我的书房，然后埋头于我的阅读和笔记。吃完午饭，康尼马拉和我穿上我们的木制雪地靴，因为整片大地都埋在一片白雪之下，然后出发穿过风吹雪扫的山峰。我们走路时，我会把分散的想法提炼成能放在我论文里的一组观点。

虽然我已经写了好多页只有笔记的内容，但我的自信慢慢增加，我觉得我能在1969—1970这个学年底完成我的论文。我需要一份我毕业以后工作的计划。因此开始把注意力转移到进入一所本科院校，目标是成为一个合格的教师。

我想去安季奥奇帕特尼教育研究生院——于1964年由莫里斯·米歇尔创办的教学硕士项目。从两所大学退学，拿着世界之友印有奇怪的课程名称和没有成绩的成绩单，我觉得哪里都不会录取我。然后迈克·麦克比鼓励我申请哈佛教育学院。他提议的时候我笑了，认为这是一个玩笑，但是他很认真。他取得了哈佛大学的心理学博士学位。他建议我去见见一位教授，社会学家大卫·理斯曼，也是一本广受赞誉的图书《孤独的人群》的作者，这本书描写的是美国人的性格。

新年一开始，我开车到剑桥去跟理斯曼见面，他热情地答应为我写一封推荐信。带着这个好消息，我开始申请。我的论文一开始引用了纳拉扬·德赛对于革命的定义——"把个人优势转变为社会价值的活动过程"，解释了为什么我认为教学是实现这个目标最好的方式。但是当我通过邮件寄送申请的时候，我禁不住想自己申请哈佛大学就是在浪费时间，还有理斯曼的时间。我应该坚持一开始的目标，申请安季奥奇帕特尼教育研究生院。

然后我就开始认真完成我的毕业论文。写了70页，是对我已经发表的4篇论文的合集，内容关于消费驱动的资本主义经济，由于无限增长和计划性淘汰，与有限的自然资源之间的冲突和矛盾。但是我的批评不仅是经济方面。我写到我们贪婪的社会，人们通过自己占有的物资衡量自己的价值，却在精神上破产。我们需要创造一个经济和社会体系，促进人类潜能的充分发展，改革教育体制是第一步。不是要教育孩子成为被动的消费者，我们需要发展年轻人的批判性思维和创造力。

我忙着写论文，几乎没有时间考虑我的学校申请，一直到3月的一个阴沉的天气，我费力移步到邮箱，看到两个信封，一封来自安季奥奇帕特尼教育研究生院，一封来自哈佛大学。回到厨房，我坐下来首先打开了安季奥奇帕特尼教育研究生院的信。感谢上帝，我被录取了。我已经对未来有了计划，然后几乎是敷衍了事一般，我打开了哈佛大学的来信并读了起来："我们很高兴地通知你，你被录取了……"我高声的尖叫在整座房子里回响，康尼马拉跑过来，我笑容满面，给她看这封信。

那天晚些时候，我给我父亲打电话告诉他这个消息，我几乎几个月没跟他说过话了。

我父亲沉默了良久才回答。"哈佛？"他难以置信地问我，"是那个哈佛教育学院吗？"

"是的，父亲，哈佛。"

他简直不敢相信，我也一样。

4月下旬，我把我的论文邮寄给我在世界之友的论文导师。然后我们准备搬到马萨诸塞州。我们热爱乡村生活，但是我们在剑桥找房子的时候，才意识到自己是多么渴望去当地餐馆，去听音乐会和演讲，我们怀念在洛杉矶的时候那种文化生活。

5月初，当我们听说了肯特州立大学惨案时，我们的热情变成了愤怒，接着又转变成惊恐。4个手无寸铁的大学生，因为抗议柬埔寨炸弹袭击，而被俄亥俄州警卫队谋杀了。其他9人重伤。生活在佛蒙特州的乡村，每周在汉诺威乡村绿地上参加抗议战争的静默示威，我们感到了正义和安全。但是现在看起来反对战争的人没有一个是安全的。我们收拾好行李之后，我试着把这些想法从头脑里删除。

哈佛的项目是从7月开始，在迎新的头两天里，我的胃全程似乎都很绞痛。我发现，其他跟我同一批入学的同学都是来自精英大学，他们似乎比我更加聪明和自信。我敢肯定他们录取我的唯一理由就是大卫·理斯曼的推荐信。

开学指导之后，我的焦虑很快就变成了幻灭。每天早上我的同学和我都会开车去郊外的一所公立中学，那里是7年级和8年级在暑期学习项目录取的学生。我们被分成了5到6人的小组。每个小组指派一位特级教师和18个左右的中学生。特级教师的工作就是教授公开示范课，并在我们轮流制订教学计划和教课的时候对我们进行指导。下午我们回到哈佛参加课程，比如"学习过程的心理"，接下来进行小组讨论。

我第一个失望就来自所谓的特级教师，我叫他弗雷德。他之前教过几年的社会学，然后辞职来到哈佛大学攻读博士学位。为了吸引学生投入学习，他会用华丽的幻灯片、电影片段和"创新游戏"，但是这些举动都很苍白，而他真正教授的东西干巴巴的、一板一眼。学生公然表达出他们的不耐烦和厌烦，弗雷德转头在黑板上写东西的时候，他们就会小声议论或者是传纸条。我简直不敢相信这样的人怎么能教会我成为站在学生面前教课的好老师。

下午的讲座也是一场灾难。首先，我们一上午都在观摩、备课和教课，还要给我们进行讲座是一件很可笑的事情。我们几乎累到睁不开眼睛，一整天都在教课让我们压力重重。然后就是授课内容。很多讲座的假设都是说，面对没有兴趣的学生帮他们激发学习动力是老师的工作。一位心理学家建议经常跟学生撒谎。"因此当小约翰在1年级拿起画笔时，"他说，"你就跟他撒谎：告诉他，他是一位伟大的艺术家。"

我非常愤怒。之后，在我们的小组讨论中，我非常反对他的建议，认为学生本来对于学习就有天然的好奇和内在的兴趣。你不需要通过虚假的反馈来愚弄他们。我们小组里有几位不同意我的建议。一位同学说，如果让儿童自己学习，他们不会学习成人认为他们应该学习的重要内容，也就是成人认为他们需要知道的事情。另外一个人说我太过于期待学生能有自己的动力。对于他们的附议我感觉非常震惊和反感。

当轮到我教授我们班孩子的时候，我决定冒险给他们选择不同的项目，都跟美国原住民有关。我记得我从韦斯特先生那里学习到那些之后有多么痴迷，关于夏安族的生活方式，以及我在阅读《两个世界中的伊什》的时候学到的很多内容。我认为这些8年级的学生如果有直接的生活经验，也会对于学习别的文化感兴趣。没有无聊的唠叨，或者是电影片段的突然打断。

借鉴了蒙台梭利的经验，我在教室里创建了不同的学习角落。一个角落是要根据我的描述，创建一个示范村落。另外一个角落规定要把玉米磨成面粉，两位女孩要把黏糊糊的一坨东西拿回家，第二天带来烤好的面包。好几个男孩尽力要制作弓箭（我设定了严格的规定，这样他们放学就不会到处乱射，只会瞄准树木，而不是人）。

3天的教学结束以后，我感到如释重负。孩子们似乎都很投入，他们的项目进展比较顺利，几乎没有重大失误。可能经过修改的蒙台梭利方法对于初中和高中的学生也有效，我仍然担心我的指导教师弗雷德，还有我的其他研究生同学，因为我怕他们会在评课的时候对我的课说出什么建议。

弗雷德一开始的问题是问我的学习目标是什么。那很简单，我解释说我想让学生们学会欣赏美国原住民文化的不同方面。

"但是内容呢？"弗雷德逼问我，"不同部落的地理分布，美国政府对于美国原住民的政策，还有其他的呢？你难道不认为应该教授他们一些事实性信息吗？"

我的脸烧起来了。在我的同学面前被这样指责实在是太丢人了。我也许应该完成更多的真正的教学，就像别人一样。但是这时候我组里的另外一个同学站起来，"是的，他应该在他的课程里加入更多内容，但是孩子们并没有在瓦格纳的课上表现出任何行为问题。"弗雷德忽略了这条评价。

那个夏天的末尾，他在最后的评价里写道："托尼一直在追求个人自由和充分的发展，他也在为孩子寻找这样的机会，但是这样的教学环境没有充分拓展到公立学校。"这种模糊的哈佛说辞是在暗示我过于在意学生了吗？是的，我确实投入于激发学生的好奇心和创造力，我想让他们拥有我曾渴望拥有的那种学习体验。但是这意味着很多学校都不愿意聘用我当老师吗？评价中这个模糊的评语让我感到害怕。

暑期学习项目结束的时候，当我终于能从弗雷德的教室里出来时，我感到一阵释然，世界之友来信通知我的论文已经通过。我的学位证书也在信封里，是学校颁发的第12份毕业证书。一年之前，3个班的100余位学生一起开始了课程，最后只有我和其他11个人完成课程并拿到了学位。

我做到了。我真的创造了一种大学教育，符合我的兴趣和学习方式，我成功的方式是其他人做不到的。

9月，我的每个同学都有一位指定的辅导老师，在郊区学校完成下一学年的授课，但是我不想冒险再遇到一个"弗雷德"，所以我跟哈佛教师培训项目申请自己寻找导师。我在布鲁克林高中找到了一位社会学老师，他在校际项目中帮助孩子在学习中找到话语权。学生可以在他们的课程中选择不同的项目，每周都有社区会议，学生和教师站在不同的角度发表意见。当艾伦老师愿意跟我一起工作的时候，我感觉非常高兴和释然。

在我为期一年的教学实践中，我也上过课，尽管现在我可以选择学校里的课程，只要学校里有任何课程都可以选，但是当学期临近的时候我感到越来越焦虑，一个两度退学的大学生怎么可能通过哈佛大学严酷的课程？

没过太久我就发现了。除了一门关于教学方法的必修课（那门课上没完没了地讲历史老师需要讲些什么，以及如何选择合适的教科书），我总是完全享受我选择的课程。没有测试，没有期末考试，没有需要记忆和反刍的事情，只有需要完成的论文。

有一门精彩的课程是由一位上了年纪的、古怪的人类学教授教授的。这门课只有4个人选修，每周上课一次，晚上上课3个小时。我一直搞不懂教授对于不同的历史理论特别着迷的原因，比如为什么有些事件会发生。他会3个小时都对我们滔滔不绝，他说的每句话我们都听不懂。但是他给我们布置了一个研究作业——分析一位思想家的历史理论，事实证明这是我面对的最难的学术挑战。

但是我还是选择自己独立完成研究。我自己的论文课题选择了卡尔·马克思，不是因为我认为自己是共产主义者，仅仅是因为我想了解一位世界上影响巨大的人的作品是什么样的，而我周围的人经常引用他的作品。我不知道理解他的作品会这么难，之后要书面解释一个如此复杂的历史理论。但是我越是深入了解他的作品，我越是发现了我周围的新左派朋友们都不了解的马克思的另一面。在所有修辞的背后，在马克思成为革命家以前很久，他是一个人文主义者和哲学家。他革命的目标是把人类精神从逼近的工业革命的机械压迫中解放出来。"每个人的自由发展，"他写道，"是所有人自由发展的条件。"然而，他最打动我的那句话是关于如何有效地创造变化的，这句话指导了我几十年的工作："想要让尘封的环境起舞，你必须要按照它们的曲调歌唱。"

打动我的不仅仅是马克思诗歌般的语言。他认为，根本的改变始于理解，始于仔细并且认真地倾听现状的"旋律"。当我成为一名全职教师时，我寻找按照学生的节奏唱歌的机会，深入理解每个学生的兴趣和热情所在。这在我今后的职业生涯中也同样重要，我采访了很多商业和社区领导，并且尝试着把我从他们身上学到的东西翻译成一种语言，一种曲调，让教育工作者可以明白。

大卫·理斯曼的课程——美国性格和社会结构，是另外一种伟大的学术体验。从亚历西斯·德·托克维尔在19世纪的经典著作《论美国的民主》到当代社会学和人类学著作《莱维敦居民》《街角社会》和《泰利的街角》，它让我们沉浸在塑造美国的多样文化和社区的研究之中。整个班级有超过100名同学，被分为了大概12人一组的多个小组，每周进行讨论，我所在的小组由一位名叫杰·费泽斯通的助教领导。杰充满艺术和吸引人的教学方法真的是杰作。

杰是一个长着圆圆的脸的人，脸上随时都有笑容，不整齐的眉毛，深色的卷发垂落在他脸颊两边，我第一次见到杰的时候他大概30岁。刚刚在哈佛大学获得学士学位，有传言说他有一段时间写了一篇关于约翰·杜威的博士论文，但是过去几年，他一直靠着做《新共和》的编辑赚取收入，他也在杂志上发表了无数篇关于教育的论文。现在，他获得了哈佛大学新成立的肯尼迪政府学院为期一年的研究员资格。

杰认为教学的艺术在于需要在学生中创建有思想的谈话和思考。他从来不会长篇大论，总是在我们讨论之前简单地说，"你们对这周的阅读内容有什么想法？"除此以外，他很少在我们的讨论会议上发言，即便是发言，也是给我们提出一个有想法或者深刻的问题。但是他不会寻找一个正确的答案，只是让我们深入地思考。"你们觉得《街角社会》里面的意大利人的生活跟《泰利的街角》里面的非裔美国人街角的文化有什么相似之处？"他向我们提问。当我们这些学生都对于《莱维敦居民》里面描述的第一次大规模住宅地开发感到反感的时候，杰推动着我们去思考一个对立的观点："你能想象为什么这么多人都觉得身在那里是享受生活吗？"

他对我们的观点总是抱以尊重并且充满兴趣，经常推动我们去更好地解释或者维护某种观点。跟爱德华兹先生一样，杰展示了一种我想要模仿的教学和学习方法。

在我为理斯曼先生的课程完成的40页期末论文中，我决定分析学校如何塑造一个孩子的社会性格，我描述了郊区公立学校的变化，因为美国似乎正在从蓝领工业经济向白领知识经济转变。"古老"的郊区学校会把椅子按照一列一列摆放，老师们就像工厂的工头一样喊着命令；而在新式的城区学校，孩子们都围成一圈坐着，老师运用竞赛吸引学生学习，就像是公司里的中层管理者。我的总结是，虽然城区学校更加放松和随意，但它们对于提升学生真正的兴趣或者是批判性思维的能力毫无作用。我的论点是我们需要一种不同的模式。

杰在我的论文评语中写道："这篇论文最精彩和原创的部分就是对于新旧教育体制的深入对比，你的观点就是学校已经发生了改变，但是这种改变本身就有问题，这是新颖的、有说服力的。"他特别提到我的结论，我支持的是完全新颖的教育方式，他对这一部分给予特别表扬："第四部分，'积极教育'，是我所读过的关于人文教育最有说服力和最简洁的陈述之一。"随后杰继续挑出了3张单独打印的论文，指出我观察中的优缺点。他最后的结束是鼓励："对于一项正在进行的工作的激动人心的介绍。我不能完全表述我有多么喜欢你和你对于这部分的贡献。"

我有生以来第一次，作为一个思想者和作者感到被深深地肯定。一位我非常尊重的教师描述我的作品是"吸引人并且有开创性的"。我开始意识到我的学术能力，还有对于有挑战的学习体验的热爱。

尽管学期一开始我有各种担心，但我在所有的参与学分的课程里得到的最低分数是A-。我在世界之友作为学生的经历让我比想象中更有准备。我已经向自己证明了我能够完成学业，还能做得很好。但是我是在杰其他的课堂里，也就是那些没有学分的课堂里学到的东西最多。

当时肯尼迪政府学院提供了很多针对当时各种时政问题开设的为期一学期的不计入学分的课程。杰的课程就是关于当时教育方面的。我们在他的课上一周读一本书，所有书目都是进步教育家的著作：约翰·霍尔特、赫伯特·科尔、乔纳森·考泽尔、乔治·丹尼森、塞威亚·艾什顿·华纳，等等。每节课杰都会提出一些针对书目的问题，并展开热烈的讨论，这些问题也正是我论文的中心问题：

成为好老师有不同的方式吗？能够了解一种教学方法优于另一种方法的最好方式是什么？给学生介绍新的学习材料和让他们自己选择想学的内容之间恰当的平衡是什么？在高中采用渐进式的学习方法是否为进入大学做好了充分的准备？学校教育怎么样能够更好地培养未来的教师？

杰介绍的书中有一本成了我最珍爱的教育类书籍——埃尔文·理查德森的《早期的世界》（*In the Early World*）。理查德森在新西兰乡村学校教授白人和毛利人的孩子，整所学校只有一间教室。他相信所有的儿童"都有一种明察秋毫的天赋，有用真理和能力表达观点的天赋，所有孩子身上都有，但是我感觉除非是被发现并且培养，否则是不会显现出来的"。

理查德森是经过训练的科学家，他教给学生要仔细观察周边的环境，学校周围蜜蜂的生活习惯，或者是苍蝇翅膀的结构。然后他会督促学生有创意地进行表达，用艺术作品捕捉他们的观察。孩子们玩陶土、做油毡版画和木头雕刻，还创作不同的写作和戏剧作品。一个学生可能先用木头雕刻出一个翅膀，然后写一首关于飞行的诗，继续探索这个主题。在每天的课堂讨论中，理查德森鼓励学生批判自己或他人的作品，他们逐渐地培养出挑选一幅画中的细节或一首诗中力量饱满或原创感强烈的能力。学生开始负责出版每月的学校杂志，选择最好的艺术和写作作品发表。

理查德森鼓励自我表达的教学方法对我产生了很重要的影响，尤其是在后来我成为了一名高中英语教师的时候。然而此时我正准备教授社会研究。因为处于20世纪60年代的动荡之中，我认为一个教师最重要的角色就是让学生接受新的想法，从而帮助他们以批判式的态度观察他们的世界。我当时对一个教师可以通过讨论文学实现同样的目的还没有清晰的概念。当时我还没想清楚通过教授写作来理解这个世界和自己的价值——尽管这对我自己从一个问题学生到哈佛硕士的变形记非常关键。我在布鲁克林高中观察了整整一年，终于轮到我计划并教授整个社会研究课程单元时，我决定教授埃里希·弗洛姆的《健全的社会》。弗洛姆让我形成一种全新的方式理解这个世界，我想让我的学生们有同样的体会。

我选择弗洛姆是因为读了保罗·弗莱雷的《被压迫者教育学》，这是我的自选书目不是课程推荐。弗莱雷是一位教育家和哲学家，给巴西的农民教授文学。他拒绝当时的囤积式（banking）教学方式，这种方式把学生当作是空瓶子，必须储存知识。弗莱雷教授成年人阅读和写作，让他们对于产生情感共鸣的主题进行讨论，比如"权力"和"权威"，以及塑造或者约束他们生活的人和制度。我想像弗莱雷对待他的成年学生那样，通过对话扩展我的高中学生的认知世界。

对于我一周的计划，我想让学生们理解弗洛姆所说的"常态的病理学"。第一周我给他们分配的任务是阅读前两章，作为家庭作业。两章的开头都有一个问题：第一章的问题是"我们理智吗"，第二章的问题是"社会生病了吗"。每天我把学生的椅子摆成一圈，按照杰的方法，我会问他们能想到哪些内容，然后写在黑板上，作为课堂讨论的热身。我开始意识到黑板不一定总是折磨人的教具。

第一天，我简单地写下一句我认为可以让讨论继续的话："我们……比起人类历史上任何一个阶段的社会创造的物质财富都更多。

但是我们用我们的安排又杀死了数百万人，我们称之为战争。"学生认真地读了这句话，举手谴责战争，尤其是越南战争。因为被显而易见的问题遮蔽了双眼，我在能够问出比较好的、引人深思的杰式问题方面缺少经验，比如"对希特勒开战是不是错的"。

接下来的4天都是进行这样的"讨论"。我开始变得越来越不耐烦。最后一天，我非常绝望地问学生们"'常态化的病理学'对你来说意味着什么"，费洛姆在第二章对此有解释。

没有人举手。我提问后的冷场让我感到不安。他们在弗洛姆的书中读到过这个解释，我不明白为什么没有人回应。

我很快进行到准备好的第二个问题："我们理智吗？"随之而来的是一阵更为持久的沉默。

令人尴尬的一两分钟以后，一个男孩试着帮我解围，他说："好吧，我猜那得取决于你所谓的'理智'是什么意思。"经过一周的讨论，我以为孩子们已经理解了弗洛姆的基本想法，对于判断一个社会的健全是有标准的。他们真的什么都没学会吗？

我非常绝望，问出了一个我认为可以弥补的问题："一个更加健全的世界是什么样子的？"没人举手，都在焦急地看着时钟。

我提前下课了。

我本以为成为一个好老师很容易：只要像杰一样提出精彩的问题就可以了。但是孩子们已经在我的课上厌倦了弗洛姆，就像我夏天在弗雷德的课上一样。

有一部分的问题，现在回想起来很容易分辨，是我没有核查学生是否明白我给他们的复杂材料。大多数学生估计都不明白。实际上这份材料根本就不适合高中的孩子。当我提出问题时，学生沉默可能是因为他们在思考，但是我太急于进行下一个准备好的问题，没有给他们足够的时间思考或者提出想法。我没有真正懂得"等待时间"的重要性。

我的辅导老师艾伦，有时候会出现几次，待几分钟，然后就消失了。很显然他觉得我的出现意味着他有更多空闲时间，但是我不需要他在教室里告诉我我第一次执教高中就是一场灾难。更糟糕的是，当时我不知道我应该做些什么。

除了哈佛的课业，康尼马拉跟我决定找机会去探索剑桥的丰富文化资源。我第一次接触文艺复兴时期的音乐是在纽约音乐团的一次演出上，那次演出让我着迷。纽约音乐团的艺术家们穿着那个时代的服装跳舞、表演和唱歌。我第一次欣赏的芭蕾舞表演是茱蒂丝·杰米逊与阿尔文·艾利美国现代芭蕾舞蹈剧团的表演。给我最深刻影响的是1971年春天一位意大利社会活动家达尼洛·多尔奇的演讲。

多尔奇被称为"西西里的甘地"，他在20世纪50年代为意大利南部的穷人奔走。他通过绝食抗议、静坐抗议还有其他非暴力抗议方式，来呼吁人们关注这个地区的极度贫困以及黑手党和政府之间的密切联系。我跟纳拉扬·德赛的对话至今仍然记忆鲜活，因此我渴望听到多尔奇谈到对于他的激进主义的说法。

4月的那个晚上，当康尼马拉和我穿过哈佛广场，走向多尔奇要在那里演讲的教室时，我们看到了令人作呕的证据，证明反战运动已不再把非暴力作为一种策略。广场上几乎所有的玻璃店面都被暴徒砸碎，用木板封起来，上面写着诸如"结束该死的战争，让那些猪滚开""解放黑人"之类的标语，这些标语被喷在了一张又一张的胶合板上。

教堂里人山人海，大部分的听众都是学生，他们似乎在多尔奇描述他的"反向罢工"策略时特别关注，他鼓励失业的农民无偿工作，修复无法通过的西西里道路。他们都因为堵塞道路而遭到逮捕，但是他们的案件受到了全国的关注，政府出面干涉要改善道路。这个故事非常激励人心。

接着，在他谈话快要结尾时，他分享了自己每年是如何花几周的时间去乌尔比诺学习并且与家人吹奏竖笛。教堂里的气氛变了。激进分子的情绪被点燃了。有一个人高喊："你身边有那么多痛苦，你怎么能这么做呢？"

多尔奇平静地回答，"如果不是为了音乐，不是为了美丽，这场革命有什么意义？"

那天晚上回家的路上，我想我应该要试着少花一点时间向我未来的学生们指出社会的邪恶，而要花更多的时间帮助他们找到生活中能带给他们意义和快乐的事情。

我有时候会想如果我不是在世界之友跟着比尔·库斯特勒学习，我现在会变成什么样子。我怀疑自己还会不会第三次尝试传统学校。高中和前两次上大学的经历让我筋疲力尽，我深信我不会在学校感受到成功或者快乐。世界之友提供了一个强烈的对比，让我发现和追寻我自己真正有兴趣的事情。我在哈佛大学攻读硕士学位时发现这是学习中一个很重要的组成部分，但是我还没有把世界之友的体验转变成教育的哲学。我缺少了一个关键因素。

我在世界之友学到的最基本的一课是光有兴趣对于学习来说是不够的。你还得有培养自律肌肉和追寻兴趣的专注力，才能强化知识和理解。兴趣总是在探索中发现的，像一种游戏。如果兴趣是真的，它们最终会随着时间变成热情。但是想要保持热情需要自律和专注，才能加强这种目标感。没有这些能力，本能的动机只能带你到有限的距离。你需要逐步坚持，才能在你掌握一门艺术或者智力探索时体验到不断增长的满足感。这种满足感加深了你的兴趣，反过来又会加强自律和专注，直到你在实践和研究中也感到满足。这是一种向上的、不断互相强化的螺旋。

世界之友给学生提供的自由是一把双刃剑，而且是困难的。大多数的学生不能应付，最终选择离开。康尼马拉和我努力创造自己的独立学习项目其实冒着巨大的风险。在外部需求和约束很少的环境中成功，我们必须要培养自律，我们要学会专注，注意力集中。在世界之友的最后两年，我在探索生物学、写作和摄影兴趣时，发现了真正激发我的好老师和一些人。我变得更自律，我的写作能力也更强，学会了很多知识，拥有更多智力探索的求知欲，反过来激励我继续提升自身的自律。

然后就是哈佛大学，显然是好坏参半。我发现自己在严格的学术环境下，也能应对有难度的学习内容，但是只有当我自己选择我的课程和作业时才能做到。定期的合作探究和探讨对于我的学习也至关重要。当所有这些元素都集于一体时，我成功了。

但是教育学院必修课程完全是浪费时间。教授们每次对我们的演讲都是高效教学的反例，对于我们成为教师的发展机会没有帮助。我怀疑他们到底有没有认真地教过高中生。我所谓的在学校的教学实习对于成为怎样的老师几乎毫无作用。因此我的动机、自律和良好意图几乎不足以为继。我缺乏训练和有效的定期反馈，这些都是好的教师能够给予学生的。但是我不知道。当时还不知道。

我在教育学院的最后一个学期，还忙着找工作机会。受到德赛和多尔奇的激励，我不再总想着回到乡村在一所特色的私立学校工作了。我想在公立学校有所作为，公立学校里的先进教学实践简直是凤毛麟角。困难在于想要找到一所至少能接受我在教育方面想法的公立学校，同时还能有改革的自由。

当时有一些郊区学校体系，比如布鲁克林，开始在校际间建立一种项目，让高中生能够在教育中获得更多的话语权，我听说在沃特·强森高中有类似这样的项目，这所学校位于华盛顿特区外马里兰州的蒙哥马利县郊区。10年级学生在一年前走进了校长唐纳德·雷迪克的办公室，坐在地板上，宣称如果他们不能学到自己最感兴趣的知识，就要退学。因此他让学生自由学习，创造了一种没有结构的独立学习项目。

我给雷迪克校长写信，表达了我对于后来被称为教育项目（PIE：Project In Education）的工作的兴趣。他当即给了我回复，说他很高兴我能加入他们的项目。我花了好几个月才让蒙哥马利县公立学校的官僚机构通过了我的工作申请，那里有超过12万名学生。但是5月初，我签订了一份合同，准备搬到贝塞斯达，那里是沃特·强森高中的所在地。我没有在毕业典礼前留下来。

25岁的时候我结婚了，从哈佛大学获得了教育硕士学位，开始我第一份全职工作，这些事意味着我成为了一个"大人"。但是我的内心并没有感觉自己已经成了一个大人。虽然我对于教育应该是什么样子有很多想法，但是我不知道如何学习成为一个好老师。有人能用问题创造充满吸引力的课堂，给学生的生活带来重大改观，比如杰·费泽斯通。

在实践与反思中
日益精通的教学技艺

> 仅仅是鼓励学生追寻自己的兴趣是不够的。我要帮助他们提高能使他们在未来获得成功的技能，还要明白为什么这些技能很重要。

沃特·强森高中建于1956年，是一所典型的郊区高中，那里曾是一望无际的牧场，为了满足战后不断的城市扩张，才成为了一所重要的乡村高中。住宅建设不断从学校向四面八方扩张，录取了大约1800名学生。我和康尼马拉在比较古旧的一个旧开发区内找到了一个住处，大约4英里远，那里的房子比较小，也比较便宜。

带着渴望和焦灼的心情，我在1971—1972学年第一次从正门走入参加了职工会议。我渴望作为一名教师的职业生涯。焦灼的是看到我的学生并且思忖怎么跟他们相处。我后知后觉地意识到，我应该在接受这份工作前先去学校看一看。我完全不知道学生是什么样子的，他们在意什么。

我从大厅走了片刻就来到一扇写着"办公楼"的门前，并走了进去。我正面就是一个长长的前台，后面坐着3位秘书，正忙着在IBM电脑上敲字。有一个人终于抬头看了看，问过我的姓名之后，指引我来到校长办公室前面的走廊。我对于秘书的指引感到吃惊，我就像是穿越一个兔子窝一样才能找到地方。

唐·雷迪克很快抬起头来。他高大瘦削，穿着整齐的烟灰色西服套装，利落的白衬衫，戴着蓝色斑点领带，他的头发灰白，修剪成早期披头士风格，盖住了耳朵上半部分，弱化了他凌厉的形象。

"托尼，很高兴你能来到这里。"他微笑着说，他令人舒适的握手让他看上去更像是一头泰迪熊，而不是灰熊。"我知道你会让这个项目对孩子们起作用的。"

第一天上课，我第一次看到教室里为了PIE而进行的布置。两间逼仄的之前的辅导顾问办公室，就坐的区域狭小距离很近，摆放的物品似乎都是镇里废弃的：两张破破烂烂的褐色沙发，还有扶手已经磨破的几把椅子，脏兮兮的棕色地毯，没有窗户的黑灰色砖石墙上贴着几张令人精神恍惚的海报。天花板上的荧光灯也没开，唯一的光源是角落里的一个落地灯。整个教室就像是一个洞穴。

当我的眼睛逐渐适应了微弱的光线后，我看到椅子上和沙发上半躺着的8个学生。男孩和女孩都留着长发，每个人都穿着嬉皮士的着装，蓬头垢面。我介绍自己的名字叫托尼，希望这种努力能够被接受，并且开始跟两个抬起头对于这个新来的老师有兴趣的学生聊天。

他们很快就把一年前的那个灾难状态告诉我。4位老师，包括英语、历史、科学和数学，由雷迪克校长安排参与这个独立学习项目，学生都是自愿选择到这里的。但是根据这些学生的说法，要求太严格了，他们很快就不再去跟老师会面了，其实老师们也不想见到他们。当所有事情都失败以后，学生被要求参与常规课程，但是他们很少去。

我是今年唯一一位参与PIE的教师。学生可以在我这里修得英语和社会研究的学分，但是他们其他的学习项目要参加常规课程，他们明显很惧怕这一切。一个男孩说迫不及待要离开这个"极其令人厌恶的地方"。

我该怎么对待这些意志消沉的孩子们呢？其实理论上有40多个孩子参与了这个项目，但是难道说他们都懒得来PIE教室上课？我感觉这个独立项目和参与的学生都处于失败的边缘。我那天见到的孩子们似乎都是准备退学的学生。如果他们真的这样做了，这个教育实验就会成为一个失败案例并彻底终止。我痛恨自己没有多打探一些情况就接受了这个工作。

我说我自己想要去见见每一个应该参加PIE项目的学生。我建议我们应该制定一个定期会面的日程表，我每周会花半小时跟学生讨论他们独立学习的提案，然后讨论他们的进步。他们似乎都对这个想法比较热情，我很快就能定期见到45位学生，年龄从15岁到17岁不等。为想要得到英语或社会研究的学分的学生，我制订了基本的要求，学生每周都要参加会议，每周至少要达到6小时的阅读和写作，但是他们读什么和写作内容完全自行决定。

PIE的学生各色各样。有一些是音乐特长生、芭蕾舞蹈者、话剧表演特长生，还有体操训练生。他们需要更加灵活的课程表，让他们感兴趣的自由阅读，还有继续参加有创意的项目的机会。我鼓励他们采取不同的写作题材，就像爱德华兹老师在希灵中学教我的那样。这些充满斗志的学生，让我感觉自己几乎就像是一个啦啦队长，有时候像是个教练。他们太忙了，几乎没有时间在PIE教室待着。主要的挑战是让他们严肃对待自己的写作，就像是他们对待自己追求的事业一样认真。

让学生把大部分时间花在PIE教室是一个有难度的挑战。看着他们呆滞的、布满红血丝的眼睛，很多人来学校的时候基本是木然的状态。他们偶尔去上数学和科学课，有一半时间都会忘记来参加跟我的讨论会议。他们来的时候，经常没有带给我看的作业。

教这样的学生，我必须起步更慢一些，要更加勇于尝试。我鼓励他们写日记，用这种方式开始他们的写作。每一周在他们的讨论会议上，当我问及他们是否对阅读感兴趣时，他们的回答常常是空洞的目光或者是模糊的答案——"小说"或者"关于二战的书籍"。当他们提出一个大致的话题时，我会给他们推荐一本需要阅读的书。下一次会议的时候我提问关于书里的内容，要求他们分享日记中的片段。

我渐渐意识到，对待这样的学生，以及那些"在校的退学生"，就是课程顾问推荐来到PIE的学生，我的工作就是仔细倾听，有意识地激发兴趣的火花，因为他们每天都来学校但是从来不上课。我一旦发现一点火花，就要点燃它，肯定这种兴趣，无论它是什么，因为我清楚地知道它引发了真正的学习。有时候要花好几个月让一个学生去发现他或她真正想学的课题。为了分享对他们重要的内容，这些学生必须相信我会认真教授他们。

我记得有一个身形瘦削的男孩，我叫他麦克，是一个整天泡在健身房的运动爱好者。在一开始的讨论会议中，他会趴在我桌子旁边的椅子上，伸开他的腿，当我问他感兴趣的学习内容的时候他只会耸耸肩。过了好几个月他才说自己对汽车很有热情。最终，当他发现我是在认真听他说话时，他告诉我他想了解汽化发动机和燃油喷射发动机之间的区别。我们一起去了图书馆，我帮助他找到了一些书籍。根据我定期的反馈，麦克最终完成了一篇表述流利的相关文章，毕业之后，去参加了成为机械师的训练。

课程顾问有时候也会推荐他们认为学习能力有障碍的学生来我这里。萨利就是这样一位学生。她是一个12年级的学生，他们告知我她有阅读和写作障碍，因此不能完成正常的英文课程。她第一次出现在会议的时候穿着整齐的牛仔裤和得体的印花衬衫，暗示着她并不是一个PIE的学生。当她坐在我的桌子旁边时，深色的眼睛打量着整间房间，就像是那种被困在角落的猫咪，肩膀几乎快要挨到耳垂了。当我跟她谈论以前的英文课时，她把目光移开了，几乎是悄声说，她就是无法忍受这些压力。当我告诉她可以读她喜欢的书，没有考试或者截止日期时，她的表情明显柔和了下来，肩膀开始放松。我说，写作任务也是如此。

萨利在我的建议下读的第一本书是《人鼠之间》。她花时间读了这本书，而且很爱读，随后她根据我提出的关于结尾的问题写了一篇文章：乔治杀死他最好的朋友莱尼是一件正确的事情吗？她喜欢尝试解决一个没有对错的问题。没几个月，萨利就开始人生中第一次享受阅读和写作，最重要的是她能胜任。

那一年过了一半的时候，萨利悄悄告诉我，她的父母想让她接受CPA的培训，因为她的数学成绩很好。"但是做得好并不一定代表我真的喜欢。"她告诉我。

从她的一些周记里，我发现她喜欢手工，喜欢用双手制作，我向她推荐了一所新英格兰的工艺学院，她可能会感兴趣。她申请了，录取了，最终说服她的父母让她入学了。但是萨利一年后回来说她决定成为一个建筑师。后来她参加了一个学期的社区大学课程，获得了她需要去建筑学院的成绩和学分。后来她大放异彩。

麦克和萨利并不是令我开始感受到教师成就感的仅有的学生个例。在我担任PIE教师的第二年，项目的报名人数显著增加，我对于自己跟一位年轻女孩在两年里一起学习非常自豪，我叫她简，她是我在第一天上班时在PIE遇到的散漫的孩子之一。

简干枯的金色长发随意地披在身后。瘦弱的胳膊从几乎快要褪色的T恤衫袖子里伸出来，她穿着破旧的牛仔裤，但是真正让她与同龄人不同的是她脖子上戴的鲜红色围巾，脚上穿着牛仔靴。

我经常看到简蜷缩在PIE房间角落的沙发里，神秘地在一个小笔记本上写东西。刚开始参加一对一会面的时候，她经常什么都不带。虽然我会经常责怪她没有任何作业上交，我很好奇她都在PIE房间里写什么。"噢，就是一些东西，"她说的时候脸红了，"就是一些诗歌之类的。"

我温柔地回答她："我想看看你的作品。"

下一次见面，简来的时候带着一些草稿，上面是用笔写的句子和画的图案。她非常不情愿地读了几张纸。我试着指出一些打动人的句子，鼓励她，督促她考虑把一些栩栩如生的自然图画描绘成一首完整的诗歌。

那个学期，简完成了好几首诗歌，她很清楚自己有成为诗人的天赋。那一年，我听其他老师说她上数学和科学课的出勤率更高，交作业的情况也改观了。直到那一年的末尾，她才开始按照我的建议修改自己的诗歌，多完成了几次草稿，并且打磨每一个版本的语言。

这段时间我才开始意识到PIE的学生在社交方面是不太成熟的。他们跟其他同学谈话的时候，经常听上去更像是初中生而不是高中生，说那些非PIE学生一点都不酷，就像是温驯的绵羊。他们似乎认为自己比其他孩子更加真实。但是在那个标签之下，他们其实非常脆弱，并且害怕展现出自己的无助，不愿意对别人表现出真实的自己，更不愿意对一个外人表现出来，包括我。那一年的课程，他们越来越乐于分享他们的兴趣，还会在跟我会面时分享他们的作品，但是还是极其不情愿向同龄人展现出内心的生活。他们从来不会提到自己对于未来的希望和梦想。

我不太确定作为他们的老师应该如何最好地处理这个问题。我还是经常跟孩子们一起进行PIE"城镇会议"。这是我从夏山学校借鉴的想法，也是我在布鲁克林当实习老师学到的。我们会在会面时聊到家务问题，比如哪里能买到最好的家具，如何分摊清扫工作。但是第一学期结束的时候，我冒险地提出我们应该开展一个每周写作研讨会，学生们可以分享他们的写作，并且听到其他学生的回应。我强调这完全是自愿的。前几次研讨会，只有包括简在内的几个学生来了。令人震惊的是他们都拒绝大声读出他们的作品。因此我引导他们参加了一个更加普遍的关于写作技巧的谈话。

参加过第三或第四次研讨会以后，一切都开始不同。因为有我的鼓励，简跟小组分享了一首经过修改的诗歌。她的听众都很崇拜她。他们不知道为什么简会对诗歌感兴趣，他们高度赞美了她的作品。其他人开始带着他们的周记、诗歌和故事来读，很快每次研讨会都会有很多学生定期来参加。

我接下来的工作就是让学生明白，每次只有赞扬不会帮助他们成为更好的作者。我解释说，所有的作家都需要理解他们在作品中试图表达的东西与实际情况的差距，即他们的意图和观众从作品中真正得到的东西。我们作为听众的第一个工作就是明白作者的意图，然后尝试着简单回应，这些意图在何处以及如何能够更好地实现，哪里有点意图不明或者令人困惑。

渐渐地，学生们开始意识到倾听并评论彼此作品的机会，真的会帮助他们成为更好的写作者。看到我的学生们因为有观众而不是仅仅对着一个老师写作，进步神速，我很好奇如果更多的学生能够分享他们的写作，他们的写作会变得多么丰富。他们会看到和听到写作技巧在其他孩子身上起到的作用，然后自己尝试这些技巧。简每周都来参会，到了第二年，她会定期把写作作业拿到研讨会来读。

学生们的写作体验也随着时间变得更加亲密。他们会书写自己的爱好，他们的情感经历，还有身体的变化。在早期的"破冰"时刻，一个女孩写作了有关胸部的诗歌，结尾写着："为什么要看着我的胸前？我的双手更加美好。"另外一个学生分享的周记里写着："我会挣扎，是让别人看到我严肃的一面，还是让他们看到我愚蠢的一面？"我们经常会在讨论的结尾对选择的主题进行深入探讨，而不仅仅是作者的写作技巧。我发现参加写作研讨会的学生开始不再羞涩，而且在课堂之外也能很好地谈话，变得更加自信。

我想起了埃尔文·理查德森关于他教学的描述，意识到我正在学习着他教授写作的方式——就像我跟学生一起探索高效和引人深思的写作是什么样的。第一年结束的时候，我决定借鉴他书中的一个想法：我建议我的学生，我们应该出版一份PIE杂志，每个学生都从他们最喜欢的作品中挑选一到两篇进行修改并发表。几位学习艺术的学生愿意设计封面和插图，其他人愿意把文章都敲出来。尽管第一期只有8.5英寸×11英寸大，并且是沿中线折起来的简装，学生们还是很高兴，特别是简，她对于写作的贡献比别人都大，我们的文学杂志后来成了一个年度刊物。

等到我在PIE的第三年，这个项目真的开始成功。在课程顾问的推荐下，更多学生申请参与项目，参与度急速飙升。我这种以学生为中心的做法收到的好评越来越多。学期伊始，有3个12年级的学生来问我可否当他们的预修课（AP）英语教师。当时只有英语部门主任才能成为AP英语教师。他教授学生的方式是高度结构化的。这些男孩想自己选择图书来读，他们想讨论图书，而不仅仅是听讲座。我们每周放学之后会一起见面一个小时，我看过AP英语测试，知道有些指定篇目不是必读，但是我以前从来没有教过AP英语，我很担心他们在5月份的测试。尽管我不需要担心，因为3个学生都拿到了满分5分。

第三年快过半的时候，我跟雷迪克校长提出，我们需要第二位PIE教师，因此一位年轻的女教师被分配给我们，参加一天两次的研讨会。于是意识到我需要一些帮助，而且我和AP学生的工作激励着我，我决定要求英语部门主管分配给我一个常规英语课程班。我已经准备好看看我的教学方法对于常规的课程是否有用。

但是当我意识到我对于自己期待的课程应该更加小心时已经太迟了。英语部门的领导分配给我的班级有39名学生，一般英语教师的班级容量是25位学生，我很好奇这是不是我"偷"走了他3位AP学生的代价。但是我也设法完成了，那个学期一开始，我告诉学生们他们要结对对作品集中的短篇故事进行讨论，我会轮流辅导他们准备讨论问题。我还解释说，他们每个学期结束前都会有3周时间完成扩展的独立学习项目。

我会与这些学生定期会面，帮助他们完成他们的独立学习项目，并且鼓励他们去探索自己真正的兴趣。跟PIE学生在一起时，我会说任何主题都可以，只要能够研究并且写作。在那个学期期末，他们跟同班同学汇报了自己的作品小结。他们的汇报多种多样，从如何让模型飞机起飞到与本校同名的棒球运动员沃特·强森的自传。

当我回顾我要求学生完成的这门课程的书面评估时，我的眼里饱含热泪。很多学生都评价说这是他们从上小学开始第一次有机会在学校里追求自己的爱好。我感到了一种深深的满足感和成就感。从我在布鲁克林当实习教师时第一次令人羞愧的经历到现在，我走了一条漫长的道路。

但是我在教学方面还有很多需要学习的地方，一路上我犯了很多可悲的错误。我跟那位初出茅庐的诗人简之间的工作，就是我的错误之一。她成为我学生的两年里，简作为诗人的敏锐度和技巧都提高很多。她得到了毕业所需的足够的英语学分，并且说自己想在社区大学学习诗歌。看着她走上毕业台领取证书，我为她和我们一起完成的作品感到骄傲。但是她毕业一年以后，我收到了一封她的信。里面都是拼写错误和不完整的句子，没有押韵或者段落的逻辑，似乎就是不太识字的人写的。她对大学只字未提，只是说她还在坚持写作，她可能会退学。我作为简的老师是失败的。

仅仅是鼓励学生追寻自己的兴趣是不够的。我要帮助他们提高能使他们在未来获得成功的技能，还要明白为什么这些技能很重要。

第四年的时候，PIE项目的报名人数已经增加到200名学生。另外一个PIE教师——现在是这个项目的全职社会研究教师，和我只能每两周和这些学生一对一地见面，时间很短，因此我们在会面中提供了很多的短期课程支持。接下来，在毫无征兆的情况下，我们两个得知因为预算削减，我们要在PIE课程之外再教两个常规班。我不确定我们要怎么处理额外的工作量。对于其中一个班我使用了类似于一年前我在人满为患的英语课上成功使用的方法。尽管其他班级迥然不同。

我们每天都会在一天的最后一节课见面，上课地点是学校的一个角落，离学校里少数几个接受职业教育的孩子上手艺课的地方很近。我教授的正是这样一群学生。大多数12年级的男学生因为成绩不合格已经重修一年了，这些孩子被其他孩子恶意地称为"油脂仔"。他们放学以后都会兼职，在加油站或者杂货店工作，他们唯一的目标似乎就是尽快离开学校，然后少做一些作业。我的问题是他们可能会喜欢阅读什么类型的英文读物，回应我的只有死寂的沉默和冷酷的目光。

我最终说服了全班读一篇短篇故事，但是当我引导讨论的时候，学生又一次沉默了。没人举手，有几个人把头埋在桌子上。有一个男孩最终急切地询问："你为什么要让我们讨论？为什么不能像其他老师一样给我们讲课呢？"

我当时震惊了。为了吸引他们，我决定询问学生放学之后都做些什么，周末做什么。这需要坚持，但是我最终发现有一个话题是他们特别感兴趣（并且愿意讨论）的：他们跟警察之间的问题。

几乎每个周五和周六的夜晚，我们学校的学生或者周边的学生都会举办一次啤酒派对。每个周末都会有关于聚会在哪里举行的传言，届时会有几百个高中生出现。在这些聚会上，情势总会失控。不能进入屋子里的学生会站在外面，或者在周边的人行道上一直喝酒。

街上到处都扔着酒瓶子。街上会有打架，或者有更糟糕的汽车拉力比赛，最后，一个车手会看到他的汽车轮子能把前面的草坪碾成什么样子。然后警察就会出现，用大喇叭驱散人群，如果他们的命令被无视了，就会朝人群扔催泪瓦斯。

学生们对警察感到非常愤怒。他们每次使用催泪瓦斯之前根本就没有发出足够的警告。他们还认为警察有些过于粗鲁。好几个学生都说想要回到汽车里离开的时候，头部遭到了棍子的击打。因此我建议我们可以在城镇会议上举办一场模拟听证会来研究这个问题。

学生们都很喜欢这个想法，很快就决定了谁要去听证会，谁来扮演父母、青少年和警察的角色。当我坚持学生要通过采访几个孩子的父母进行调查——这些孩子都举办过派对，而且要采访警官，以便于精准地陈述他们的观点时，他们同意了。几名扮演警察角色的学生甚至在一天晚上安排了一辆巡逻车"兜风"。 他们回来的时候，谈论着车里发生的酷帅的事情，还有警察前所未有的和善。

在采访过程中所做的笔记的基础上，学生能够提供精准和有信息的证词，学习如何倾听并且跟对方交流信息。那些扮演听证会成员能够问出深思熟虑并且具有探索性的问题，获得了批判性思维的技能。学生对于权威的不信任的问题，在他们模拟听证会的时候表现得非常明显，因此在我们探讨过他们的证言后，很多人都敞开了心扉。他们开始看到更多自己的问题而不是警察的残暴。当他们感到弱小和无助的时候，派对和冲突是一个宣泄的机会。他们的同龄人和身边的成年人都认为他们是"失败者"，他们拒绝被忽略。他们说，吓唬邻居和被警察惊吓总比无聊地待在家里好。

但是周六晚上的狂欢派对不能成为真正的解决方式，我的课也不能。模拟听证会结束之后，我们试着完成一部话剧，尽管学生们都因为他们意识到我的课程是不一样的而试图努力，但这毕竟在学校，他们对此已经失去兴趣。

沃特·强森高中没有什么可以提供给这些孩子，我所能做到并带来改变的事情微乎其微。他们很大程度上已经被抛弃和遗忘，就像我为比尔·黑格斯调查的黑人孩子一样。这些孩子需要不同的经历。

在领导了4年PIE项目之后，我也开始思考自己要做一些不同的事情。

我感觉作为一个教师是非常孤独和独立的事情。我认识了一位历史教师和一位美术教师，我们3个人在艺术教室里进行了愉快的谈话，并且享用了愉悦美好的午餐。虽然我们都不喜欢闲聊和争吵，不喜欢自助餐厅的食物，不喜欢餐厅里像体育馆一样的嘈杂声，但他们对谈论本行毫无兴趣。

另外一位PIE教师对于讨论艺术品也没有兴趣。虽然我们有时会讨论我们共同教的孩子，她会回避关于教育哲学的讨论，而我在哈佛大学杰·费泽斯通的课上就很擅长这种对话。她也不会回应我跟学生进行研讨会的邀请，我也没有受邀去参加她的研讨会。

剩下的一些职工充满敬意。他们听说，我会给学生提供指导，帮助他们增加教师评价，帮助学生制定一份公正的调查问卷，教导他们如何从雷迪克校长那里得到支持，且雷迪克校长最终同意在职工会议上进行讨论。教师几乎全票通过，没有经过讨论就拒绝了学生的建议。我没有观察两个午餐同伴是怎么投票的。我不想知道。

我希望我能从雷迪克校长那里得到一些支持，是他非常积极地邀请我做学校的老师。从第一天开始，我就希望能从他那里得到关于我教学的反馈。第一年有几次，他会在我的课程上观察几分钟，我希望了解他的想法，以及他对于我如何提高有什么建议。我们终于在学年快结束时见面了，这是我的第一次正式评估。

我完全不知道该期待什么。他给我一份两页纸的评价，上面大约有40行的描述，右边有两个复选框。一栏写着"需要改进"，另一栏写着"满意"。

"读读这个，"他敷衍地说，"如果你同意这个评价，就在第二页签字。"

两页通读下来之后，每一行都写着"满意"。我签完字之后，就逃出了他的办公室，试图掩饰我彻底的不满。

在第二年的结尾，这个场景再次重演，第三年依然如此。唯一的不同就是在第三次评价的时候，我在给雷迪克校长上交签好的文件时，他说："恭喜你，你现在已经获得终身任职的资格了。"

我觉得非常反感。如果我知道自己作为一个教师仍然在犯很多错误，我怎么能把这个当作我一生的职业呢？我怎样才能得到如何成为一个更好的教师的反馈？

接下来的第一年是我第四年领导PIE项目，蒙哥马利县学区的中央办公室派负责人来我办公室评估我的工作。我想这次我终于能得到反馈了。但是整个过程就是一次官僚主义的败笔。经过几个月的沟通，评估者非常不情愿地同意了我的想法，让他的工作人员采访学生们的想法，而不是仅仅让学生完成他们事先准备好的选择表格。采访者后来告诉我，学生对整个项目都赞不绝口，但是他在如何使用他的报告方面没有发言权。永远看不到光明的一天。又是一次羞辱。我的职业发展，还有想要促进PIE项目的想法，都留给我自己去思考了。

从第一年教学开始，我就把我与学生在会面和课堂上的互动记录下来。我整周都在自己的上衣口袋里放着自己的笔记卡，每次如果我被学生所说或者所做的事情震惊了，或者他们在课堂或者会面上说了或者做了什么特别好或者不好的事情，我就会在下一次会面之前拿出笔记认真记录。然后每周六早上，我会拿出这些卡片并且仔细思考。

我发现反思这个训练在我的教师职业生涯中起到了宝贵的作用。如果一件事不如预期，写下来会帮助我想清楚为什么会这样，我做什么能有不同的结果。与此相反，如果某件事完成得很好，我也会想个所以然。

但是我写的内容还是不够多。我需要的是外部的肯定，我想知道如何才能更好地理解我的直觉，并且发现我自己的教育哲学。我在杰的课堂上读过的书非常精彩地描述了像我这样的教师是如何自己发现了新的教学方法，但是不是通过研究。没有教学理论支撑他们的试错方法。

在我第二年的教学生涯中，我遇到了让·皮亚杰的作品，这是一种馈赠，他是瑞士著名的儿童认知和道德发展研究心理学家。皮亚杰已经针对教育研究做了非常广泛的研究。我选择他的第一本书就是《儿童的道德判断》。那本书非常厚重，无论是页数还是措辞，但是我坚持着读下去，我读得越多，就越激动。

皮亚杰的临床观察引导着他得出了结论，所有的孩子都有内在的学习动机。跟约翰·杜威相似（杜威的理论作品接受程度更高），皮亚杰相信对于孩子来说，他们要能理解他们在周围看到的东西，对他们来说把头脑装满知识是不够的；老师要能够挑战学生，激发学生主动建构深层次内容的欲望，并且更深地理解他们所在的世界是如何运转的。他在自己1948年给联合国教科文组织写的一本小书中总结了自己的发现，标题是："理解就是创造"。这个层次对我来说非常真实。就像斯蒂芬·迪达勒斯所说："思考事情就能理解事情。"

我觉得特别有趣的事情是皮亚杰对于教育目的的定义。他说教育的目标一定是帮助孩子在两个领域克服自我中心主义：智能领域和情感领域。克服智能自我中心主义意味着要用逻辑和推理替代迷信和共识。这就是我在我的模拟听证会上关于啤酒派对所完成的事情。孩子们和警察一起乘车，并采访了父母和其他持不同观点的人，他们对这个问题的看法随着接触到新的证据而增加。

克服情感中心主义对于皮亚杰来说意味着要用自己跟其他人的关系替代自己的自我中心主义。为了达到这个目标，学生们需要发展他所说的"互惠主义"，或者我们今天所说的同理心。他提到人们如果开始进行社交游戏，需要遵循一套社会规则达到共识。但他观察到，当孩子们整天在学校里独自完成作业，被迫为了分数彼此竞争时，帮助他们学会从别人的角度看问题的自然真实的社会互动就被打乱了。

我创建的写作研讨会能够帮助孩子们更好地理解什么是好的写

作。他们通过创作，然后讨论什么有效、为什么有效来吸收写作的原则。他们越是能够更多地在一起写作，就越会变得更自信。这种自信是自我为中心的反面。当我的PIE学生在他们的写作中变得更加自信时，他们就更能够在工作中有兴趣，从这些工作中不断学习并学会共情。

这是我需要的研究和理论基础，以支持我的教学方法，并更好地理解我在学生身上看到的东西。

读完皮亚杰的作品，作为一个教师我也变得更加自信了。在1975年的夏天，我开始思考我在会议和课程上学到的内容，然后写一篇文章。开篇就是关于我在蒙哥马利县学校的学生、老师、父母和学校管理者身上学到的东西。经过20世纪60年代的暴乱，事情似乎已经回归常态，我注意到：学生似乎更有动力，而不是焦虑；家长沉迷于让学生去"合适的"大学，走上与之"般配的"职业道路；教师害怕被解雇；管理者夹在不快乐的教师、学校委员会和中央办公室之间，后者要求通过提高考试成绩来承担更多的责任。我认为在每天的忙碌繁忙和学校压力中牺牲了学生真正的学习，没人愿意再去谈论这个问题。在文章的结尾，我呼吁大家坦诚地讨论我们的学生正在经历的事情，我们对他们的期望，以及我们应该优先改进哪些方面。

我的文章标题是《一切安好，但郊区并非如此》，并且在9月的时候寄给一个名为"Phi Delta Kappan"的教育刊物，它是我在学校的图书馆里匆匆浏览时发现的。如果我当时知道他们的刊登率不到5%的话，我可能不敢这么做。但是那年晚些时候，我听说我的文章发表了。当我跟我的午餐伙伴和PIE同事分享这个激动人心的消息时，他们的回应是一种礼貌的冷漠。没人提议要读读这篇文章。

尽管我在课堂上获得成功，还发现了皮亚杰，但我经常感觉自己是在与教育的趋势抗争，一切都是往错误的方向发展。那些日子，每个人都热衷于"回归基础"，这意味着学生选择更少，更多的是机械记忆和考试、练习，这都跟我的教育理念相悖。但是，两种爱激励着我：我对音乐和不断壮大的家庭的爱。

我很偶然地开始学习古典吉他。有一天晚上我们邀请了一些邻居来吃晚饭，有一位是心理学家，我在偶然的交谈中提到自己经常梦到弹吉他，不知道是什么意思。他分析说这可能只是因为我想学吉他。我笑了笑。但是他之后说，"你知道的，现在开始并不算晚"。接下来一周的周末，我买了一把平价吉他，并且找到一位老师。

我的老师是一位学习古典吉他的学生，他在巴尔的摩的皮博迪音乐学院跟艾伦·希尔学习，因此我们开始认真学习希尔的《古典吉他技巧》。每天下班后的一个小时，我努力地跟从他的"推荐练习步骤"。

1. 每次弹奏一个音符的时候都要念出它的名字，直到完全学会所有音符。

2. 弹奏的时候说i、m、i、m，在高音和低音和弦时严格遵守这种变化（i是食指的简称，m是中指的简称）。

3. 最后，每个节拍都要数1、2、3、4，使用节拍器。

几个月之后，我能够弹奏希尔给学生写的最简单的前奏曲和练习曲了。这并不有趣。实际上正好相反，音乐很枯燥，每件事都要关注技巧和练习。

第一年快结束的时候，我已经翻到了书的最后一页，并且开始学习演奏我的第一首真正的音乐作品，费尔迪南多·卡鲁里创作的《乡村舞曲》。我继续记忆费尔南多·索尔和莫罗·朱利安尼的音乐，他们的主题和变奏曲都是经典的古典吉他曲目。

当我学习这些乐曲的时候，我终于开始享受这些练习曲。他们就是每天创造一些美好的机会。我花大价钱买了一把华丽的紫檀木和雪松木材质的吉他，每次弹奏开始的时候，当我把它抱在怀里的那一刻，我都感到一种甜蜜而兴奋的颤抖。每次精准地拨动琴弦，我感觉我的乐器好像有了生命，紫檀木好像贴近我的心脏。每次把心爱的吉他放回盒子里之前我都要精心擦拭。

但是我的老师总是督促着我要提高自己读谱的能力，还有演奏技巧，好像是要我成为像他一样的专业吉他演奏家，其实我真的只是想弹奏一些我喜欢的音乐。因此在第二年的学习中，我找了另外一个音乐工作室的老师，我决定要自己掌控我的课程。

这位老师也跟希尔学习过，他想让我开始希尔第二卷的学习。我拒绝了。我告诉他我想让他教我一些使我能够弹奏自己想学的曲子的技巧。我带来了一些巴赫、海托尔·维拉-罗伯斯、埃里克·萨蒂的曲子。我们会一起一首一首地学习，3年之后，我能够记住弹奏时长一个小时的、富有挑战性的曲子，这个技能就是我向往的——弹奏我想演奏的音乐。我能做这些不是因为我的老师，他的重点完全是在技巧。我从来没学过如何有表现力地演奏。

因为不知道该怎么做，也不知道该去哪里求助，我决定请音乐工作室的老板马克·艾尔沃斯来教我，他曾经是芝加哥交响乐团的首席小提琴手。他告诉我他对于吉他一无所知，而且没有时间，但是我很坚持，他同意每周日早上10点教我。他教会我如何使用颤音，并且告诉我速度和改变曲调的重要性。很快，我的吉他就能弹奏出我以前不敢想象的声音。我跟他每周日的见面更像是我的主日礼拜，我能有机会崇拜美丽之神，并且感谢我的生命里出现了音乐。

我从自己在音乐工作室的学习经历中学到了宝贵的教学经验。首先，要保持一个学生内在的动力，一定要结合必要的练习和感受乐趣的机会——去演奏。对于写作，学生需要学会恰当的句子结构等，当然，如果这是老师唯一的重点，学生就没有理由想要学好写作并练习。我还明白了在学习技巧和感觉上结合运用心与脑的重要性。我意识到如果在我的写作研讨会我只注重写作技巧，忽略了学生作品的情感内容，他们很快就会失去兴趣。

我在贝塞斯达那些年的另外一个热情来自我的孩子。我第一个孩子丹尼尔出生于1972年，19个月后萨拉出生于1974年，最后一个孩子伊丽莎白出生于1978年。我常常是一个糊涂的父亲。当我一岁的儿子开始从客厅的架子上拽书时，我试着把它们紧紧地塞进去，但是没有用。我在下层书柜的正前方拉了一根绷紧的铁丝，把它系在我用螺丝钉固定于书柜两端的挂钩上。现在，感谢上天，他再也不能碰到那些书了！但是我们也取不到了。

我作为一个父亲总是犯很多错误，就像是我作为一个教师那样，我非常努力想成为一个跟我自己的父亲不同的父亲，要有更多的参与，要平易随和。起先，我跟孩子们一起玩。我跟儿子一起在地毯上搬动积木卡车，给每辆车一个特殊的使命和恰当的配音："给救护车让路！呜呜呜。"他会大笑起来，然后带头开消防车。和我女儿在一起的时候，我在迷你娃娃屋里帮她们重新安排家具，然后想象是什么样的家庭会住进去。我给她的小娃娃起名字，比如"夏沙"。和三个孩子在一起时，我们会一起用乐高组装城堡、房子、车库和停车场。

但是我最喜欢跟他们一起做的事情就是睡前读故事。每天晚上我会坐在摇椅上，闻着他们洗完澡以后身上发出来的干净清新的味道，感受着他们温暖的、毛茸茸的、柔软的睡衣。一旦他们开始安静下来，趴在我的胸前，我就会开始读。可能是《晚安，月亮》，萝拉·英格斯·怀德的小房子系列，之后就是C. S.刘易斯的《纳尼亚传奇》。他们的小身体紧贴着我，温暖着我，使这些书和其中的人物变得栩栩如生，这是一种乐趣。我在莫格利斯的那段日子，大声读书会让我感到很兴奋，但是直到给我的孩子读这些书，我才回想起那种感觉，文学是一种最为深远的口头文化，文字的声音和讲故事的声音，能在黑暗中召唤出奥秘和魔法。

1976年的冬天，我从一个朋友那里了解到，一些西德威尔友谊学校的老师准备要开展道德教育研讨会，那是华盛顿非常著名的独立PK-12贵格会学校，自从我读过皮亚杰的《儿童的道德判断》，就对这个话题非常感兴趣。我认识贝塞斯达联谊会的一位教师，我们曾经同路，他问我是否能参加这个研讨会。

西德威尔是华盛顿最负盛名的学校之一，在切尔西·克林顿和奥巴马的女儿们在那里上学的几十年前那所学校就已经很出名了。一群西德威尔的初中和高中的教师和管理者要讨论如何加强学校的贵格会价值观和气质，他们感觉现在盛行的是一种高度竞争、唯分数至上、"唯我独尊"的文化，每个家庭似乎都只关注是不是能被常春藤大学录取。

我们读了很多文章，探讨了教学方法，这些方法可能会鼓励更多的合作和对真正学习的兴趣，而不是仅仅拿到A。大家对于我从皮亚杰那里真正学到的内容非常感兴趣，我很感激能有这样一些教师提出重要的问题。第三次会议结束的时候，校长本·舒特鼓励我申请他们开放的一个英语教师的职位。

早春时我参加了学校一系列的面试。我立刻被宽敞的教室、小规模的班级容量（平均大约16个学生），还有我遇到的每个人身上那种团队精神和友善打动了。

本在几周后给我提供了一个高中教师职位，合同期限是1976—1977年。我要教3门9年级学生的英文课，还有我自己选择的11年级和12年级的英文选修课。

那年夏天我30岁了，感觉就像是一个里程碑。我经历过艾文、希灵中学，还有兰道夫-麦肯学院和里士满职业学院的幻灭。我经历了20世纪60年代的动荡，并且在世界之友学习时找到了自己的节奏。我在哈佛大学获得了成功。现在我已经拥有了真正的职业和一份理想的新工作。也许最终我终于"随波逐流"了。

贵格派教育的精神：
设计探究型服务学习

发展学生的内在学习动机，让他们更加深刻地明白他们自己和周围的世界。正如皮亚杰所描述的，真正明白这个世界就是重塑世界。

新学年开学的第一周，西德威尔学校跟我在蒙哥马利PIE项目的学生的区别就清晰可辨了。新的9年级学生都想立刻就回答问题，很少觉得还需要举手。当我让他们选择可能要读的书时，争论会持续一半时间。选修课学生的年龄越大，他们越是将我给他们的指定阅读视为一种游戏，获胜就是他们能够用充满闪光点的论点让其他同学相形见绌，这样他们就能让我印象深刻，得到A，在他们通往常春藤盟校的入场券上增加一个筹码。

也就是在此时，著名慈善家罗伯特·科尔斯在《大西洋月刊》上发表了著名的文章《有影响力的孩子》。文章中，他描述了他对特权儿童的大量采访，他给这些孩子贴上了"有优势"的标签："他们在成长过程中……感觉到自己是重要的、有优越感的，注定要过上满意而有意义的生活。"但是他补充说，"有优势"并不意味着要溺爱孩子。他总结说他研究的孩子都是非常自律的，而且善于自我批评。他仿佛就是坐在我的课堂里完成了这个研究。

教有优势的孩子和我在沃特·强森学校教各种各样的叛逆者和辍学者的工作相去甚远。对待那些PIE学生，我的任务就是帮助他们找到一个留在学校里的理由；但是对于西德威尔的学生，我决定我的目标是帮助学生发展学习的兴趣，而不仅仅是为了进入精英大学。但是我越是这样思考，两类学生带来的挑战就越是相似：发展学生的内在学习动机，在我的英文课上就是阅读和写作的内在动机。

我选择了一个挑战。我去见了本·舒特，并且提出了全新的课程计划表，令人惊讶的是，他竟然同意了。这次不是每周跟我的学生见面5天，我告诉他们每周有两天是独立阅读和写作，我会跟每个学生每隔两周见一次面，一起讨论他们的学习，就跟我教授PIE学生一样。

这种特殊的上课形式深受学生们的欢迎。他们马上就有了各种各样想要尝试的写作方法，似乎很享受独立追求广泛的兴趣。跟我的PIE学生不同，大多数学生来到会议室时都已经准备好了谈论他们读过的内容，而且渴望跟我分享他们的写作。少数学生因为缺乏正式的结构而感到困惑，因为他们并不真正了解自己对什么感兴趣，在这种情况下，我会建议他们完成一些具体的阅读和写作任务。

在开始几个月里，我很难树立起权威，对于9年级学生也是如此。这是我成为老师的第六年，我还没有掌握课堂管理技巧。我感到迷惑和羞耻。有一天，我设法控制住自己的尴尬，去向霍尔·卡岑巴赫寻求建议，他是英语教学组资历最深的老师。霍尔是一个智慧和友善的人，他充满同情地倾听了我的悲伤，并给了我一些简单而有效的建议：当课堂讨论失控的时候，让学生们安静一会儿；如果学生们还是很混乱，让他们在继续讨论之前把想法先写下来。当我尝试他的建议时，它们基本上是奏效的。

我有一个9年级的班级，大部分学生似乎都注定要成为出庭律师。他们好辩好胜，经常打断彼此。我要求课堂安静有序，但没人理睬。有一天，课程进行到一半时我感到非常绝望，我爆发了："你们就是在浪费我们的时间。出去！"他们安静地从椅子上站起来，慢慢地鱼贯而出，似乎非常引人震惊。让我感到欣慰的是，后来的讨论似乎文明多了。这种震撼感如果很快消失，我就得再来一次。

到了第一个学期的深秋，我已经开始在纪律和自由之间找到正确的平衡，我越来越坚持在课堂上维护我作为老师的权威。但在"返校之夜"活动中，家长们按照孩子每天上学的时间表，参观每个教室，倾听每位教师10分钟的讲解。了解到我的很多学生家长都很富有、拥有权力或者是名人，或者三者兼有，我对这个活动有些害怕。这些学生不太可能有过像我这样的老师，我已经准备好接受他们的家长的盘问。我该怎么跟家长们解释我的课程这种与传统不同的结构呢？

我花了好几个小时做准备，就像是一个准备接受审判的被告一样，在我的日记中写下我的教学方法的基本原理。那天晚上，我戴好领带，认真擦亮我的皮鞋。如果我要成为一个不同的教师，我必须至少看上去"正常"。

进入我教室的家长们都穿着职业装和套装，有几位家长挤进学生桌椅的时候，似乎带着疑惑的眼神看着我。我已经戴好领带，但是这是比较容易的部分。现在我必须开始真正的表演。我的心脏狂跳不止。我是一个什么样的教师，为什么跟西德威尔其他教师的授课方式不同呢？我怎么敢这么做？我把颤抖的双手藏在衣兜里，欢迎各位家长，开始了我的长篇大论。我列出了课上的4个目标：教会学生批判式思维，高效讨论，共同合作，加强独立学习能力。我非常无畏地提到我在哈佛大学作为学生学到的最重要的技能，就是积极主动并撰写基于自主研究的论文的能力。

我的演讲得到了家长的赞同，收到了十分积极的反馈。大多数家长都是从他们的工作中了解到这些技能的重要性。但是之后一位父亲皱着眉头质问我，他想知道我是怎么教授语法的。我用微微颤抖的声音断言，经过20年的研究，把语法作为一门独立的学科来教并不会提高写作水平。我的方法就是让学生们在研讨会上谈论自己写好的作品，然后当我们在课堂上会面的时候，回顾这些共同的问题。

"那么词汇呢？"他再次发问。

每周每个学生都负责带来5张单词索引卡，上面写着他们在阅读中遇到的陌生词汇，我告诉这位家长。卡片上要列出单词的字典定义，他们遇到这个单词的句子，以及他们用这个词造的句子。然后学生会分成小组分享和讨论他们本周的单词。

我没有告诉他的是，我知道在检查学生的词汇掌握情况方面，我需要做得更好。我还没有告诉他，我是从西尔维娅·艾什顿·华纳的《教师》一书中学会了这个学习词汇的方法，这本书是我在哈佛最喜欢的老师杰的研讨会上布置的阅读材料之一。这本书里，艾什顿·华纳描述她如何教授新西兰乡村6岁的孩子阅读，方法就是让每个学生指出他们读的故事里那种"一看就不懂的单词"，这些单词孩子们并不知道是什么意思，他们真的想学习并把这些单词变成自己的。她会把孩子们的单词记在一张卡片上。如果下周他们没有读这个单词，她就会扔掉这张卡片，让孩子记忆没有情景和意义的单词是浪费时间。我第一次尝试这种想法的一个变体，也不知道它能否奏效。我感觉自己是《绿野仙踪》中的巫师，害怕有人会拉开帘子找到我。

就在我结束"辩护"的时候，铃声响起，提醒他们换班的时间到了，家长们陆续离开。拷问我的那位父亲勉强点了点头。第二天，本告诉我，有好几位家长在当晚结束的时候找到他，说他们对我对课堂的解释印象深刻。

　　我利用圣诞休假的时间设计了第二个学期的课程，而不是像我的同事们那样，在一个学期里强行塞进多少本经典名著。相反，我想把重点放在更少的书上——那些涉及学生生活主题的书，把更多的时间放在更广泛的写作任务和其他可能激发创造力与反思的课程上。田纳西·威廉斯的《玻璃动物园》对我来说就是一个很好的机会，让我能够教授对学生们"说话"的文学作品，并且让我的教学更具想象力。我发现，当学生对于课堂内容更加投入的时候，课堂纪律就能自动发挥作用了。

　　首先，我让学生阅读了这部戏剧的序言和舞台介绍，画出场景。然后我们大声朗读剧本，每一幕结束时停顿一下进行讨论。课程进行中，我注意到学生对儿子汤姆这个角色非常同情，他抛弃了自己的母亲和残疾的姐姐，加入海岸警卫队。他们无法同情他的母亲，这个女人总是喋喋不休地谈论她年轻时作为一个南方美女曾有过的情夫，她的丈夫在经济大萧条最严重的时候抛弃了她和两个孩子。因此，我让学生们在戏剧事件发生5年后，从汤姆、他的母亲或他的姐姐的角度写一段戏剧性的独白，我鼓励他们去处理一个他们可能难以想象的角色。当他们大声读出自己的独白时，他们的作品展现出非凡的敏感和洞见，有几个学生真的对汤姆的母亲和姐姐也表现出了真正的同情。

　　思考汤姆面对的生活挑战还让学生有机会探讨未来的目标，以及一些道德困境和艰难选择。我提出了一个广泛探讨和大家都认可的问题，课堂作弊问题。我没有考试，只有论文，因为我在研讨会中深知每个学生的写作水平。我的课堂中不可能有作弊问题。但是我听说其他教师和学生都对这个问题很苦恼。学生告诉我考试作弊很愚蠢，因为你可能会被抓到，但是作业作弊是可以的。另外，他们还争论道，作弊并不会伤害任何人。"那么未来呢？"我质问他们，"你怎么决定你会走什么弯路，你的道德边界在哪里？"

学生还非常享受我设计的一个广告单元。我让他们分析一系列的电视广告，并且按照对他们的吸引程度分类，比如"保证生活更幸福""让你更受欢迎"或者"经权威认证的穿白大褂的医生可以包治百病"。然后我让他们分成小组写出自己的广告，用这些不同的吸引点来写。小组在班级里展示了自己的广告，我们讨论了他们吸引消费者的描述，并且跟真正的广告进行比较。他们下一次的作业，我让他们为他们认为可能更好地满足人类基本需求的产品和服务写公益广告，但是我坚持这回不要出现虚假承诺。未经我的任何提示，他们选择了一些活动，比如成人教育课程（可以有一种归属感）和瑜伽课程（能够有一种更健康的生活方式）。看到我的学生开始更有批判性和想象力地思考，我感到很兴奋。

尽管我的课程一切都进展顺利，我仍然有时候跟个别的学生会有争执。"戴安"，一个高个子9年级的姑娘，有着强健的体格，一头短发，深巧克力色的皮肤，这样的一个学生让我学到了很多东西。

无论什么时候我布置一项任务，戴安都会嘟囔和抱怨。我有时候会听到她跟邻桌的同学抱怨说我的课就是浪费时间。有几次课后我跟她见面讨论，我尝试解释我们做的是什么，以及为什么我们要这么做，但是她只是从椅子上滑下去更远，然后盯着我。当我问她怎样才能更好地利用课堂时间时，她用一种确定的声音说："我怎么知道？你才是老师，难道不是吗？"

显然她对我们的课堂任务毫无敬意，而且也没有兴趣，她只是一个捣乱因素。因此我决定戴安应该在课上去自习室，然后完成一个独立学习项目。我解释了为什么不允许她来上课，并且问她对于什么课程项目感兴趣。她说想在西德威尔完成与种族关系史相关的研究，西德威尔是最后一批实行融合的贵格会学校之一。

我每周跟她见几次面，检查她的研究进度并给出建议。她很快就深入到校史研究中去了。她找出了校董会中有权势的少数族裔在仍然反对种族融合时把孩子送进这所学校的杰出人士，并采访了几名第一批入学的黑人学生。她还询问了招生办公室关于少数族裔入学趋势和奖学金金额的问题。这是一项非凡的调查工作。

当戴安完成了研究报告的撰写时，我请她回到教室分享她的发现。她很犹豫，但是我告诉她这是非常有价值的教学内容。当她最终呈现了自己的报告时，其他学生都感到很震撼，她讲述了融入学校的艰辛，以及第一批黑人学生的经历。这引发了一场关于学校里潜在的种族紧张关系的对话。白人学生开始第一次明白当他们在大厅里开玩笑说"嘿，黑鬼，发生了什么"时，为什么他们的黑人同学并不觉得可笑。

讨论之后，我问戴安想不想回到课堂。她说想。在当年余下的时间里，我们之间勉强达成了"休战协议"。

两年之后，当她出现在我11年级的选修课上时，我大吃一惊。当她秋季学期第一天走进教室的时候，她向我会意地点点头，然后自信地挺起胸，她穿的紧身T恤衫上，胸前用醒目突出的白色字体印刷着：我可能不完美，但是我身上的某一部分很出色。我欢迎她来到课堂，同时尽可能遏制自己尴尬的微笑。她仍然是一个挑衅者，但我知道自己已经不再是她的敌人。

在西德威尔的第一年之后，我从教授3节9年级英语课改为了教两节，我选择教11年级和12年级的创意写作课，我称之为"表达性写作"，因此学生不会因为觉得自己没什么创意就不想写了。我的写作课是整个部门最受欢迎的选修课之一，上课人数经常超过预定人数。在他们之中我才真正感受到自己作为一名教师的腾飞。

如果我有时间，我仍然会完成自己更有创意的写作内容，我会把我的小说草稿拿到布雷德洛夫作家创作班上，我在那里会见到出书的作者，让他们评价我的作品，然后连续10天不辞辛苦地不间断讨论写作。但是表达性写作课不仅仅是跟学生分享我对写作的热情，更多的是我愿意帮助学生发展他们作为写作者的表达。

我开始意识到，我有一种激发学生的天赋。我越是相信自己作为一个教师的直觉和洞见，比如我给戴安布置独立写作任务，然后让她在课上分享自己的作品，我就越是看到学生的讨论和写作都在进步。我的课堂在最好的时候，变成了有目的的社区，因为每个人想要真诚写作的热情和充满洞见及艺术性的表达聚集在一起了。通过他们的写作，学生更加深刻地明白了他们自己和周围的世界。正如皮亚杰所描述的，真正明白这个世界就是重塑世界。

每周我都让学生试验一个不同的写作题材，就像爱德华兹老师教导我那样。这周是对话；下一周就是扩展记叙文。然后是一篇音乐或餐厅评论、一篇社论或一封写给编辑的信，这些都必须寄给真正的报社，也许是《华盛顿邮报》，或是校报《地平线》。有一些文章甚至能得到发表。

有一次我让学生就自己选择的话题写一篇社论,19个学生中有3个选择的是美国的老龄化问题。当第三位学生的作品在班里公开朗读的时候,一个女生不耐烦地说,"我们一起写老年人经历的事情,并进行讨论是一件事,但是我们应该做些什么!"

"你想到了什么?"

"我并没有真的想到什么,但是肯定有我们能做的事情。"

"其他人有什么想法吗?"

"我们也许可以去学校附近的养老院给他们读书。"另一个学生提议。

班上的同学很喜欢这个想法,之前有两个女生主动要求去学校周围的老人家里帮忙,她们同意去跟主任商量看看能不能有什么安排。学生最初的想法是要去读诗歌,但是这个想法被拒绝了,因为养老院的负责人说,大多数老人都听不清,而且对于诗歌不是特别感兴趣。大多数学生听到这些都想放弃了,但是我督促他们再试一次。

当这两个女生再次打电话咨询其他提议时,主任解释说很多老人都渴望陪伴,如果学生能够分成两人一组,和那些想要陪伴的人聊天,这将会是一种真正的服务。但是探望需要在放学后进行。

当这两个女生把消息传回课堂的时候,很多学生都表示愿意去,因此我们定下了一个时间和日期。我很好奇有多少学生真的会参与,毕竟探访会占用他们的空闲时间,而且这要比读诗歌费事多了。但事实上只有一个学生没来。

我们走进红砖楼的一刹那,我开始有点担心自己带学生来到这里是一个错误。大厅都漆成了绿色，死气沉沉的空气中有一股浓郁的杀菌剂的气味。一些上了年纪的人无法控制头部和身体的活动，被人推着在走廊上走；其他人只是站在那里，目光空洞地盯着我们。我们在经理办公室拿到了需要探访老人的名字和房间号。我一个人单独行动，因为学生人数是偶数，我希望他们分成两人一组。

我探访的是一位90岁的虚弱老妇人，她曾经是第一夫人和其他达官贵妇的女裁缝。她提到过去的一些客户对她十分友善，但也有一些人并不把她当回事。一个半小时后我离开的时候，我在办公室逗留，听说很多学生还在跟老人聊天。

第二天上课我们讨论了我们陪伴老人的经历。学生们都很惊讶原来帮助别人竟然如此简单，很多人都准备再去。一个12年级的学生说这次探访让她意识到她对于自己的青春和健康都太想当然，认识死亡对于我们更有意义地生活非常有帮助。她说完后，教室里一片肃静。

另外一个学生用一种新想法打破了沉默。他观察到，这些老人的身体需求都得到了满足，但是很多人都抱怨说太无聊了，而且养老院的工作人员对他们不是很尊重。吸引更多资金可以改善那个地方的外观，但是他问道，怎样才能改变人们对待老人那种官僚主义的方式？

我们都不知道答案。但是我很清楚这些"有优势"的学生看到了与他们自己的生活截然不同的现实，并带着新的见解和问题离开了。

学生们中间开始流传说我是一个很好的写作老师，很多12年级的学生都想找我开展独立写作项目。我很快就发现他们有时候也想谈谈个人生活的一些方面，而不仅仅是写作。他们不需要心理咨询，他们只是需要一个能够仔细倾听他们内心声音的成年人。我跟3个学生有过这样一段经历，一个男孩鲍勃，一个女孩芭芭拉，还有另一个女孩伊丽莎白，这些经历都让我看到了学生内心的生活，以及如何给他们带来真正的影响。

鲍勃找到我说，他想提高自己的写作水平。他的英语学科总是得A，他在别的科目也是如此，但是他讨厌写作，总是把写作任务放到最后完成。他带给我的写作任务的内容总是非常复杂并且在技术上毫无瑕疵，但是非常枯燥。我问他独立项目想写什么内容。他说没有想好。他从未遇到过非命题作文的情况。

我建议他回去思考一个星期。他回来以后说，他想写一篇关于"分数"的文章。

"关于分数的什么？"我问他。

鲍勃说他感觉学生学习只是为了拿到A，分数阻碍了学习。他觉得对什么都没有兴趣，因为他总是只想拿A。他说，他就是想写写这个问题。

等到我们下次会面时，他告诉我，他读到好几本关于教育的书籍，但是他并没有开始写。我问他为什么。

"好吧，我猜我只是想知道你对于分数是怎么看待的。"他如此答复。

"除非你完成你的论文，否则我不会告诉你的。"我回答说。他瞪大了眼睛，我继续说道："你现在已经是高三第二学期了，分数并不是那么重要了，为什么不冒险试试呢？"

下一次会面时，鲍勃上交了一份内容有力且结构严谨的论文，描述了分数的消极方面，并且探讨了评价学生作业的其他方法，比如有学分和无学分的作品集和项目。他知道这是一篇非常好的作文。我是否认同他的想法这个事实对他来说已不再那么重要了。

然后他带着一个新的问题来找我，他被两所大学录取，不知道应该选择哪个。每个人给他的意见都自相矛盾，尽管他咨询的大多数人都倾向于常春藤大学，现在他想知道我是怎么想的。我没有回答他的问题，建议他在接下来几周去两所学校实地参观一下，并且记录他的观察。

他参观过后，给我展示了他的日记，并且宣布他决定去那所不太出名的大学，因为那里的学生似乎都对学习是发自内心地感兴趣，那里有更多独立学习的机会。后来鲍勃告诉我，他对学校非常满意，而且还在给学校报纸撰写稿子。

我从一开始就审慎思虑地帮助鲍勃。但是对于芭芭拉，我发现帮助她最好的方法就是提供真诚的观点。

芭芭拉是奖学金获得者，第一次会面时，她说想写日记来进行独立研究。我非常不情愿地同意了，因为我认为仅仅是写日记对她来说不够具有挑战性。但是最后，芭芭拉接受了一个非常特别的重要挑战。

芭芭拉第一次描述的就是让她感到迷惑和生气的感受，因为她以前最好的朋友现在似乎只想伤害她。我问她发生了什么。她的朋友帕姆已经跟一个人约会超过一年了。芭芭拉也喜欢这个男生，所以就给他写了一张纸条，暗示他们可以在一起。于是，他和芭芭拉成为了恋人，这个男生就跟帕姆分手了。

芭芭拉曾经告诉过她的父母关于帕姆还有她的新男友的事情。她很好奇他们会不会觉得她做错了。他们回复说，"好吧，你怎么想的？"她已经开始释然了，但是她仍然有一种不好的感觉，就是她可能做错了。

"想要什么东西然后去追寻有什么不好吗？"她问我。

"当然不是。但是说真的，如果我是帕姆，我也会感觉自己遭到了背叛。"我安静地回答。

芭芭拉的脸上布满震惊，好像是我打了她的脸。我很担心我是不是太过直白了。

芭芭拉离开我的教室时，在走廊上停留了一会儿，说："谢谢你对我这么诚实。"

她带来的下一篇文章以一封道歉信开始，但是在结尾的时候她说感觉自己要比帕姆更加配得上这个男孩，因为她能让他更开心。我以一种中立的声音把信读给她听，并问她如果她是在读这封信的帕姆，她会有什么感觉。芭芭拉听出了她说话时的优越感，感到很懊恼。

她给我的最后一篇文章是一封真诚的道歉信，希望能够重新获得友谊。但是芭芭拉不确定她是否真的想冒险寄出这封信。一想到道歉可能会被拒绝，她就受不了。

芭芭拉确实没有寄出这封信。相反，她在帕姆的家里留了一张纸条，说她很抱歉，仍然想跟她做朋友，并且邀请帕姆参加她举办的派对。帕姆去了，但是她们彼此都没说什么话。直到那年冬天她们一起去了大学，芭芭拉跟那个男孩分手了，她们重拾了友谊。

最后一个学生是伊丽莎白。就像其他西德威尔的学生一样，伊丽莎白来自一个位高权重的华盛顿家庭。他的父亲是首位成为军队部长的黑人，她的母亲来自一个尊贵的非裔美国家庭，在乔治华盛顿大学任历史学教授。我在整学年的课程中都非常仔细地观察伊丽莎白，她就像是一只社交蝴蝶一样吸引着我，但是当她给我看了她的第一首诗时，我对她的看法彻底改变了。

根据我当时写的会谈记录，这首诗只有一个简单的主题：是一首关于愤怒和害怕被拒绝的诗歌。我们谈论过这首诗之后，她决定写一篇关于高中小团体的破坏性的短篇小说。接下来是一首关于跳舞的快乐的诗歌，但是这种舞蹈是孤独而且私密的，仅仅是通过运动来表达自己纯粹的快乐。

当我问她独立学习想阅读什么书的时候，伊丽莎白完全清楚她想关注的主题：著名非裔作家的书，比如理查德·赖特、拉尔夫·埃里森、马尔科姆·艾克斯。这些都是她渴望阅读的作者，但是都不是西德威尔英语课程上的必读书目。相反，她告诉我，好几本指定她阅读的书都自称描述"黑人体验"，但是每本书都是由白人作者写的。

伊丽莎白后来开始完成一篇给《地平线》写的长篇社论，讲述西德威尔很多学生都对于"黑人现实"视若无睹。她首先提到了"学校这种封闭又纵容的环境"，并哀叹在这种小团体之外学生之间的交流太少了。她认为，尽管黑人学生和白人学生之间的关系还算不错，但学校在教育学生了解美国黑人经历方面做得不够。然后她提出了一些能够改善这种情形的具体建议：在学校集会上邀请更多的外部演讲者；在课程里增加更多黑人文学的内容；创建城市研究项目；让学生群体更具多样性。这是一篇掷地有声而且有勇气的文章。

伊丽莎白在宾夕法尼亚大学取得了英语博士学位，2008年她被任命为耶鲁大学非裔美国人研究系主任。然而今天她成为了美国最出名的诗人之一。前总统奥巴马委托她为2009年的就职典礼写一首诗，并在仪式上朗诵了她的作品《今日赞歌》。

我没有教过伊丽莎白如何写诗，我也没有教过她非裔美国文学。我对于她的成功没有太多功劳。我对她——对鲍勃和芭芭拉，以及我的其他参与独立学习的学生——所做的是认识并肯定其作为一个个体的本质，这与父母的期望或朋友的假设是不同的。我用脑和用心倾听每个学生的话，我对于他们所说和所写的事情都很认真。

如果我们能找到时间并且做出选择，教师除了教授学科知识，还有更多重要的内容要传授给学生。

放学后和周末，我会花时间练习吉他和写作，这些是我保持自律、自我表达、热情和目标的源泉。我也会在自然中消遣。谢南多厄山峰，带着深深的朦胧的蓝色阴影，离我这里只有几小时的车程，经常召唤着我。

我们经常一家人去远足，我们一年会出去露营几次。在我的孩子还很小的时候，我会用篮子背着他们，很快我们就能拉着手一起在小路上蹒跚而行，发现森林深处的魔法与秘密。我很珍惜这些时光：在高大的树冠下，翠绿色的蕨类植物在风中摇曳，绯红色的蘑菇从黑黝黝的、湿润的土地里蹿出来——我认真解释着，绝对不要吃它们。

当孩子们长大一些，我离家几天对康尼马拉来说不再是负担时，我有时候会自己去山里。无论什么季节，我都会背好背包，脖子上挂着相机，总是要挑战自己捕捉自然瞬间和令人惊奇的美景。

冬天在谢南多厄高地徒步旅行时的一个场景仍然铭刻在我的脑海里。地上覆盖着皑皑的白雪，森林中的迷雾紧紧贴在层层叠叠的树顶上。我在这片黑暗、冰冻、单调的世界中独自穿行，背包的带子紧紧嵌在我的双肩上。但是之后，在那条路径的转弯处，我看到一丛高高的树木，上面有红色的枝杈，挂着明亮的圆圆的浆果，颜色就像是新鲜的血液。我停下驻足，仔细盯着这些圆形的浆果，直到我戴着手套的手指开始变得麻木，我的身体也开始颤抖，在极寒之中不能动弹。

这份奇异的美丽就留在那里，等待着被发现。

我之所以会选择在西德威尔友谊学校教学，就是因为这里是一所贵格会学校，我以前并不知道，但是我想让我的精神生活更接近职业生活。我曾经上过贵格会大学，我和康尼马拉是在旧金山的校友会上结婚的。自从搬到马里兰，我们就成了贝塞斯达贵格会的成员。过去几年，我一直对于公益会的重要信仰"上帝在每个人中间"非常有兴趣。

我还对简单的贵格主义实践感到特别满意：在每周的敬拜会上，会众安静地聚会，每个人都在尝试和内心的上帝交流。有几个人在聚会上受到"召唤"去发言，但是没有牧师，没有祈祷，没有赞美诗，甚至没有对于什么是"信仰上帝"的严格定义。还有定期的"商业会议"，通过协商一致来决定教会的事务，这是一种我在民权运动期间开始欣赏的社区决策方法。事实上，贵格会教徒历史上曾站在争取和平、社会公正和妇女平等的前线，自17世纪英国乔治·福克斯创立贵格会以来，他们就相信"对权力说真话"。现在，作为一名贵格会学校的教师，我开始探索"贵格派教育"到底需要什么。

当我在研究贵格会参与教育的历史时，发现1688年乔治·福克斯第一次建立了两所贵格会学校，一所男校一所女校。与此同时，威廉·佩恩梦想在美国进行一项"神圣的试验"，穷人和富人都能享受教育。在宾夕法尼亚的殖民地，他建了一所公立学校，向所有"儿童、仆人、男人和女人"开放，他们可以"接受教育或指导，富人可以按比例缴纳学费，穷人可以免费接受教育"。

在300多年以后的今天，美国有超过80所贵格会小学和中学，还有几所大学，比较著名的就是斯沃斯莫尔学院、哈弗福德学院，当然还有世界之友。这些学校欢迎所有宗教的学生，但仍然寻求向学生灌输一些基本的贵格会信仰和实践。大多数学校每周都有敬拜聚会，许多学校也为学生提供参与决策的机会。

因为这种比较自由的教育实践，还有他们提供的基本教育，贵格会学校在20世纪60年代开始变得风靡一时。之后这些贵格会学校的成功也带来了一个问题。有些人说："贵格会来到美国是为了行善，然而自己却发展得很好。"在这种论调里"然而"有时候会被"也"取代，但是轻视是一样的：贵格会学校越来越成为富有的贵格会教徒和非贵格会教徒的避风港。我来到西德威尔的时候，越来越多的贵格教育者担心这些学校越来越吸引有学术天赋的学生，把他们都送到了精英大学，会失去贵格会所传递出的价值。

西德威尔的教师也聚在一起讨论道德教育问题，我曾经也为了申请学校工作而参加过，这类聚会就是为了处理这样的担忧。在我第一个学期的时候，这个团体资助举办了一个"家长之夜"活动，专门探讨道德教育，很多家长都来参加，并且还进行了一个调查，衡量教师对这个议题的参与程度。很不幸的是，只有三分之一的教师给予反馈。很少有人是贵格会教徒，而且大多数人似乎并不像我们这个小派别一样感到不安。我们很快就停止了聚会。

第二年，厄尔·哈里森成为了校长。他是一名贵格会教徒，之前是另一所友谊学校的校长，他感觉对贵格会学校的根基需要予以关注。在厄尔看来，强制性的每周礼拜活动并没有对学生的权利意识起到太大的抑制作用。因此高中开展了一个工作项目，所有学生每周都要参与一个小时左右的劳动，比如清空垃圾箱、整理食堂等等。

我的英语课程进展非常顺利，我对设计富有想象力的课程和与个别学生合作感到惬意。但是我还是在想，当我们去拜访那些老人的时候，我的学生们都在想些什么，我们作为一个学校怎样才能让每个学生都有那样的体验呢？我很好奇。让学生在校园里捡拾垃圾不会让他们接触到不同的同学，这并不能让他们对于其他人产生同情，或者发现内心的上帝。

第三年开始，我带着一份提议去找本·舒特，我告诉他我认为西德威尔应该恢复长期沉寂的宗教委员会，我希望能成为领导，然后致力于研发一些毕业需要的社区服务。我是教职员中为数不多的"正式"贵格会信徒之一，要反对这项任命是很难的。我不敢肯定本会喜欢我的想法，但是他同意让我去招募其他人加入委员会，看看会发生什么。

我从小学、初中和高中分别找了代表，每周都有聚会。在第一次会议上，我提出了社区服务项目的想法，大家似乎都很喜欢这个概念。霍尔·卡岑巴赫在早期给予的支持对这件事大有助益。霍尔自称是"贵格主教派"，就是带着贵格派倾向的圣公会教徒。

我们希望这个项目的重心是学习。因此我们没有使用"社区服务"的说法，而是称之为"服务学习"。其次，我们觉得服务学习应该是在校外进行，而不是在教室内进行——这样的学习应该充满探究。最后，我们都同意学生应该参与这类有意义的服务。

第二个学期，我们就为西德威尔友谊高中的毕业要求起草了一份提议：学生需要在9年级到12年级完成60个小时的服务学习。它包括放学后一周工作几个小时，或者在假期集中工作一段时间。我们还提议学校应该雇用一个服务学习协调员，负责批准学生的服务提议，审查学生关于服务的写作，并组织研讨会，让学生讨论他们正在学习的内容。

整个委员会都完成了细致的工作，我们得到了厄尔·哈里森和本·舒特的"有条件的"支持，因为他们说高中教师说了算。到了教师讨论服务学习提议的时候，我感到紧张和不安。这是我第一次在全校范围内做领导工作，我不知道应该期待什么。霍尔沉默但是有力地支持着新的需求，几乎没有经过多少讨论，教师们就同意了。之后我意识到这并没有什么争议，因为这个项目并不需要现有教师做额外的工作。

从1979—1980学年开始，服务学习要求逐步推行。有一些学生的服务学习选择似乎更倾向于职业实习，比如在议会办公室实习，许多孩子寻找机会为非营利组织工作，为真正需要帮助的人服务。

就我所知，西德威尔是美国第一所让社区服务成为毕业条件的学校，从那之后很多学校开始效仿。当克林顿选择了让他的女儿切尔西来西德威尔上学以后，他们说社区学习要求是吸引他们来这个学校最主要的原因。

这个项目一直持续至今。

我发现很多西德威尔的学生都渴望成为某种领导，但是他们并不知道真正的领导做什么，或者他们想要领导什么。因此在第四年，我设计了一个关于当代问题的选修课，每周晚上上一次课。报名参加的学生是一个活泼而多元的群体，既有父母来自印度的学霸，也有我给9年级上课时的"宿敌"戴安，她在学校里一直有问题，不过不是和我。

在研讨会上，我们会阅读和探讨各种领导人的传记，从乔治·华盛顿到多萝西·戴，她在20世纪30年代发起了天主教工人运动，帮助穷人，并为弱势群体发起非暴力、直接的抗议活动。我们随后谈论了成为一个领导意味着什么，以及参会的学生想要成为未来领导者的目标是什么。

在本学期的探索过程中，学生们不断回到学校的氛围和文化的话题。他们觉得学校在鼓励学生成为真正的领导者这方面做得太少。最终，在一次令人懊丧的讨论中，一个学生给大家提出一个挑战："我们现在是时候停下讨论，站起来，在学校里展现一些真正的领导力。"

其他学生都支持这个想法，他们开始头脑风暴。没有比校刊能够更好地得到学校注意的平台了。接下来许多个深夜，讨论组列出了他们对于学校文化的批评。几乎到了学年末尾，他们决定要在《地平线》最后一期刊登这个主题。他们在家里碰面讨论他们的作品，然后有一个人拿着复印件冲到编辑部，编辑们给他们的作品留了版面。

那一期的文章叫作《西德威尔不受重视的领导者》，占据整个版面。"在西德威尔，影响学生领导力的一个因素就是普遍缺乏对他人的尊重。"开头这样写道。学生们倾向于"言语攻击"，他们描述学生们总是在互相挑剔。"因为理想主义者总是遭受奚落、冷落和源源不断的挑战。"他们写道，"很多人都害怕讲话或者害怕表达出他们对一些重大主题的真实想法，无论是在课堂讨论中还是在社交场合。"这篇文章呼吁教师给予更多的指导，并为学生提供更多的领导机会。"要想变得负责，必须先被赋予责任。"他们确信。学生不应该在教室里被强加一个被动的职责："学校里的领导力应有的形式是教授、指导和指导小组。"

研讨会上的每个学生都对这篇文章做出了贡献，并且签了名。我为他们感到自豪。我从来没见过一群青少年这么努力地学习，而且能够为一个项目如此合作。但是因为这篇文章在学年的最后才刊登，并没有引发学生想要的变化。他们还没有发现，要成为一个领导者必须发起一场运动，而不仅仅是赢得一场或者两场战役，我也没有发现。

我在西德威尔的4年学到了非常宝贵的经验。教学变成了我的第二天性。因为相信我的职业直觉，我的班级和作业开始变得特别有想象力。我很好地把自己的能力调整到真诚地倾听和回应学生的需要及兴趣。最重要的是，我尽力尝试给学生各种各样的学习体验，还有我在做高中生的时候希望得到的支持。

我还体验到了早期引领一场"革命"的难度，就像纳拉扬·德赛所描述的"将个体优势转变为社会价值"。我在宗教委员会和学生领导研讨会上的工作并没有改变学校的日常学习环境。

改变一个人的课堂文化是一回事，我对此非常擅长，改变学校文化就完全是另外一回事了。

从失败中收获教训

　　我不能抑制地感到卡尔·马克思是对的："想要让尘封的环境起舞，你必须要按照它们的曲调唱歌"。

回想起我第一次来到西德威尔面试的时候，我遇到了英语系的主任，我叫她伊维特。她身材丰满，一头剪短的深棕色卷发，肤色也很深。我们交谈了几分钟之后，她突然说，"我们在这里喜欢发现别人的致命缺点，我们找到了以后就开始攻克这些缺点。"当时我很好奇她说这话是不是为了把我吓走，或者因为她的领导、高中校长本·舒特敦促她聘用我而感到沮丧，我是本喜欢的候选人。后来我才发现，这是一种预言：我在西德威尔工作的时候，发现那里不是一个大多数教师带着合作精神来上班的地方。这种高度竞争的学生文化同时也弥漫在教师休息室，走廊里和教室里到处都是那些冷漠的嘲讽和琐碎的闲言碎语。

任何一位新教师都会在这种令人窒息的环境中艰难挣扎。但是我的挑战更大，因为我是一个与众不同的教师。我的教育哲学和教学方式都跟主流文化格格不入。我不想按照西德威尔的潮流生存。实际上，这股潮流与我完全相反。是，又一次相反。

尽管我当时不知道创新者是什么，但是现在回顾起来，我当时所面临的挑战跟几年后我现在面试的一些创新者是一样的。通过一些调查，我发现很多创新者自我保护的态度通常是傲慢。如果你的想法和洞见跟你周围大多数的人完全不同，你可能经常会感觉自己只有两个选择：要么总结出你的想法会有一些漏洞（其他人都是对的），要么你用一种膨胀的、看似绝对正确的信念武装自己，相信自己本质上是正确的。当创新者的年龄更大一些时，他们就能在仔细听取别人批评的时候保持自己的信念，同时衡量新的证据，但是我那个时候还没有学会这宝贵的一课。

　　我在西德威尔的第一年，用的是一种极度的自信保护自己的信念，还带着一点自大的外在表现。我觉得我已经发现了比我的同事更好的教学方法。我跟我的学生会谈，给他们留出独立学习的时间，邀请学生引领讨论，挑战他们，让他们写自己感兴趣的话题。我给了学生话语权和选择权。英语教学组的其他人或者说学校里的其他人都没有这样做。我发现了一条唯一正确的路。至少我是这么认为的。

　　我知道我不会到处向其他教员吹嘘，让自己成为被嘲笑的对象，但是我绝对营造出了一种氛围，就是"我比你强"的那种氛围，尽管在我的魔法帘子后面的奥兹国的私人地盘上，我一直在质疑自己。

　　因此我在西德威尔教书的第一年末尾的时候，感觉到很孤独，像在沃特·强森高中教书的时候一样。五月初的一天，学生会负责人以及现在已经不存在的道德教育讨论小组成员琳达·卢卡托，提出跟我一起在草地上吃个午餐，聊一聊。我曾多次向她抱怨，感觉自己跟教师同事缺乏联系，但是琳达没有邀请我去草坪上听我更多的抱怨。她用同情但是坚定的方式跟我解释，是我凭一己之力将其他教师推开，我的孤独是我自己造成的。尽管她的话刺痛了我，但我确实感觉到她说的话是真的。琳达给了我很大的帮助。一个朋友不应该只是说你想听的话，还要说你需要听的话。

　　我不再认为自己比我的同事们更好，而是开始看看我能从他们身上学到什么。我问了问其他的英语老师我能不能听听他们的课，他们同意了。我去了一些我认为教得比较好的班级，还有一些我认为不太好的班级。无论如何，我很享受观摩其他人是怎么授课的，以及怎么吸引他们的学生。但是我去听资深教师霍尔·卡岑巴赫的课，让我彻底认清了自己的自负。

霍尔一开始就给他的15个学生讲了整整半个小时的莎士比亚戏剧。站在讲台上演讲！我认为演讲是一种教育的陋习。但是很显然，他让莎士比亚戏剧以一种更容易让学生接受的方式吸引他的学生，我知道他是高中最受欢迎的老师之一。我看到他在讲台上跟学生开展了关于他讲座的讨论，我意识到他在课堂上成功的秘诀有两个：他对莎士比亚有热情，他不知不觉就会传递出这种热情；他对学生有热情而且关心。他从来不会阻拦学生或者羞辱他们，我经常在西德威尔和其他地方看到有教师是这样做的。他想要点到每个学生，倾听他们说些什么。演讲没有刻在我的DNA里，但是我从霍尔身上看到，想成为一个卓越的老师，不只有一种方法。

我在西德威尔的第二年，英语系主任辞职了，我想说服本·舒特让我成为组长。我告诉他，我想领导部门会议，老师可以讨论教学，而不是对"行政管理"发牢骚。我希望我在同事那里开展的教室巡游能够产生一些善意，我知道现在我的很多同事都很欣赏——也许是不情愿地——我的与众不同的教学实践。实际上，很多老师都开始跟学生进行一对一会谈，讨论他们的写作。我来之前没有人这样做。

尽管我有这样的打算，本还是拒绝了我。我有点灰心，但让我感到些许安慰的是，本同意我的看法，即没有人可以让英语组的人一起做任何事情。他任命霍尔当部门领导，算是一个过渡。尽管霍尔不想干那种不可能完成的"捕鲨"工作，但是他愿意做一两年。

为了寻求某种形式的合作，我开始跟一些其他部门的老师接触，我对他们很友好，提议我们可以偶尔会面，讨论教学和学习。我们5

个人，还包括一个数学老师、两个社会研究老师、一个科学老师，每个月会一起在我家见面，吃比萨，喝啤酒，聊天。前几次会面之前，我会找一些皮亚杰的文章进行讨论。然而，我很快就认清了，他们更多的是来社交，而不是来讨论教育理论的。我觉得这种聊天聊胜于无，因此我们确实偶尔去彼此的班级观摩。但是我渴望能够有一种方式给学校带来更大的影响。

第三年的时候，我带着另外一个想法去见了本。建议我们开一次教员会议，讨论哈佛大学心理学教授劳伦斯·科尔伯格关于儿童的道德发展阶段的一篇文章，然后看一段视频，内容是教育工作者所谓的"隐藏课程"，即教师无意中就社会规范和价值观含蓄地传达的内容。我想探究我们是如何忽视甚至纵容学生们对彼此的不尊重的。本怀疑地看我一眼，但是同意试一试。

会议完全是浪费时间。播放视频的时候我一直听到有小声的讨论。当我准备要引领大家讨论西德威尔的"隐藏课程"时，迎接我的只是持续不断的哈欠声和纸张摩擦的声音。当我问其他人，是否担心孩子们在课堂讨论中如何经常贬低对方时，那些我们的比萨小组的老师真诚地回应了我；其他老师都感到无聊至极。还有伊维特，那个总是要给大家找碴儿的女人，甚至支持学生的行为，说他们的讽刺言论只是"为了取乐"。

我回到家，感觉非常泄气。我关于教师领导力的努力，除了我作为宗教委员会主席要帮忙创建毕业所要求的服务学习外，其他都付诸东流了。当宗教委员会的服务学习提案通过后，委员会或我似乎都没有新的任务可做了。

然后那年末尾的时候，"教师轻松时间"就是一场闹剧。教师轻松时间就是对于老师和管理人员来说，放松一下的时候，他们可以为高中毕业生表演滑稽短剧。在我参与的一个滑稽短剧中，另一个教职员开始挑剔"皮亚杰所说的圣经"，然后朝我歪着头，露出虚伪的微笑。我猝不及防，尽量回怼他："哦，难道不是一块手表吗？"我对奢侈品牌"伯爵"的蹩脚引用引起了观众的大声抱怨，我从台上走下来的时候脸都是发烫的。我感觉更加孤独了。

于是，我开始了1979—1980学年，那是我在西德威尔教书的第四年也是最后一年。我的班级几乎都在自学，我渴望新的挑战。自从我的第一篇论文在名为"Phi Delta Kappan"的期刊上发表以后，我又发表了六七篇论文，并受邀参加了几次教育会议。因为看到一丝成功的曙光，我用两个暑假致力于完成一本书，这本书里的故事和洞见都是选自我开始当教师的教学日志。我把这本书的草稿起名为"品格教育"。我全情投入于这个项目，每天早上要花4个小时，但是当我准备返校的那个秋天，我又重读了一遍那些章节，我发现要把草稿变成一本书还需要做很多工作。我很沮丧。写作很艰难，也很孤独，我不能再忍受另外一个夏天每天都是孤独的早晨，仿佛被我的史密斯·克罗牌的打字机"束缚"。

最重要的是，我渴望成为一个专业团队的一员，想要在我的课堂之外对教育界产生更大的影响。这两样西德威尔都不能提供给我。

我最终发现了这样一个机会，至少我认为我有了一个机会，9月的时候我看到职员告示栏上有一张通知。剑桥友谊学校，是剑桥的一个PK-8贵格会学校，里面有220位学生，在招募一个新的学校领导，工作将会在1980年夏天开始。我带着一种激动的心情把这个告示读了好几遍。这次我有机会创造我自己的社区，甚至能创造出一所模范学校，然后再次去剑桥生活。但是我在管理经验和小学教育经验方面的空白可能会影响到我，所幸的是最终并没有。那时我已经33岁了，算上我在哈佛大学作为实习教师的时间，我在课堂里工作了将近10年的时间。我看不出有什么理由让我不能在这项新事业中取得成功。

哦，年轻时目中无人的狂妄盲目，我所知甚少。

第一次跟两名招聘委员会成员的电话面试很顺利，我受邀在那个晚秋的时候去学校进行一天的面对面面试。学校里的单层砖瓦楼建筑是在20世纪60年代早期建成的，位于剑桥市中心的一小块土地上，它夹在三层房屋和公寓楼之间。来自附近低收入公共住房项目的年轻人用某种尖锐的物体在学校的有机玻璃窗上留下了伤痕，并在外墙上喷上了刺目鲜艳的涂鸦。整个建筑，还有一个看上去像足球场一样的地方破旧不堪而且年久失修。这里跟吉尔曼、艾文和西德威尔精修的草坪以及广阔的足球场相去甚远。尽管距离哈佛大学只有一英里的距离，但哈佛就像是在另一个国家。

但是在那次拜访中，我几乎没有刻意观察学校的状况。剑桥友谊学校自诩非常进步，因此每个人都不断地这样告诉我。第一眼望过去，学生的教室让我想起了蒙台梭利学校的教室，孩子们从一个学习点移动到另一个学习点，而不是按照纵列坐在桌子前。谈不上什么损失，我看到的只是一个极好的机会，向全神贯注的听众讲述我所有关于教育的崇高思想。

几天之后我得到通知，我是最后得到通知的3个人之一，我和康尼马拉受邀会去进行两天的参观。招聘委员会给我寄来了一个问题清单，我准备好写下自己的答案了。

为了回答我为什么想成为剑桥友谊学校的校长，我写下了我最享受的就是教学，这是激发学生最好一面的机会，激发他们的"推理能力、创造力、同理心"，我希望通过肯定我所说的"两个矛盾的原则：合作精神和对个人差异的支持及尊重"，来为整个学校推广实践。

为了回答这些关于我资质的问题，我讲述了自己在沃特·强森中学成功创建模范的校中校的努力，以及我在西德威尔宗教委员会的工作。不可思议的是，我说我已经读了很多关于教育的书籍，好像这些都能使我有资格成为学校的校长。

第二轮面试比第一轮更加顺利。我发表了许多关于学校贵格会价值观的重要性的生动声明，对教育头脑和心灵的必要性发表了许多煽情的言论，这些似乎都吸引了老师、家长和理事们。我当时正在状态，因为有这么多人专注聆听我的每一个字而兴奋不已。

尽管不是总这么兴奋，我已经忽略了学生的情况。在第二次参观时，有一些年纪大一点的孩子，都在食堂里忙乱地跑来跑去，所有年龄的学生都不停地打断成年人的谈话。我几乎没有看到7年级和8年级学生做了什么能激发智能的作业：老师们没有向学生提出困难或有趣的问题，而且他们似乎也不喜欢布置家庭作业。我私下里想知道，当这些孩子在一所新学校上9年级时，他们是否做好了准备。根据我的观察，我知道剑桥友谊学校的毕业生在西德威尔这样的学校根本不可能生存下去。经过几轮面试，几位家长证实了我的这些直觉，他们来到我面前，私下抱怨学校太松懈，在教学上缺乏足够的挑战性。

但是在公开会议上，我问教师、校董和家长学校的优势和劣势，优势总能列出一个很长的清单——贵格会的价值观、教职员工温柔体贴的天性、校董的投入，而劣势只字未提。因此当招聘委员会问我我是怎么看待学校的优势和劣势时，我复述了一下我听说过的这个学校的优势，因为这些似乎都是真的。至于劣势，我只能说我有些疑问，需要了解。我有一种强烈的感觉，这个学校并不想听到任何家长的担忧或者抱怨。许多人谈论这所学校的方式，使它听起来好像是一个非常宝贵的地方，看上去似乎很完美——除了需要增加一些额外的教室空间。

我似乎并不知道这所学校想要新的校长做什么。但是我没有问过。我对于新的职业挑战充满了雄心壮志，而且也没有耐心。因此我没有听从内心对于这所学校的怀疑，或者仔细想过我到底是不是真的属于这里。

一周之后，大概是1980年3月初的时候，校董会主席给我打电话说他们决定录用我了。我毫不犹豫地同意了。一放下电话，我喜极而泣。

我们充满希望和激动地回到了剑桥，准备看看房子，我们很快就找到了一个距离学校不足一英里的旧房子。我们还让两个大一点的孩子也去剑桥友谊学校上学，这是招聘委员会强烈推荐的。委员会主席，一位年纪比较大的女士说，把我的孩子送到那里就读会让家长和老师感觉到我对学校非常有自信。

后来，她几乎是事后才告诉我，董事会已决定在我担任校长的第一年发起一场资本运动，为亟需的设施筹集资金。我没有意识到这将是一项巨大的事业——是我为自己定义的学校"教育领导者"之外的第二份工作。

委员会还希望我能参加一场为期8天的夏季研讨会，去跟新的学校领导碰面，这场会议是由美国独立学校协会（NAIS）赞助举办的。很好，我想，他们付钱让我参加一场领导力的速成课程。我简直迫不及待想去了。

课程开始之前，研讨会的负责人给我们发了一些读物：德克斯·斯特朗的《新领导手册》。我如饥似渴地阅读着这本书，尤其是他关于如何在学校里发起变革的智慧箴言。"当你开始运用自己的领导力时，"斯特朗的指导是，"你肯定会想带来改变……你当下的考虑，特别是在你的任期伊始，应该是你该多么迅速和快速地行动。"但是我应该采取的实际行动是什么呢？这本书没有提到。我希望研讨会能够给我想要的答案。

相反，我等来的是好几天的角色扮演，以及关于权力问题的各类演讲。心理学兼领导者团队主导这场表演，他们告诉我们这些新任领导者，我们的首要任务就是要找到"领导四象限"，包括发号施令者和执行者。我还没有搞清楚中间立场是什么，他就暗示说唯一的真正选择就是要成为一个"仁慈的专制者"。

我们还需要决定我们什么时候以及怎样"释放"我们作为领导者的一些权力。他强调说，这取决于我们，我们来决定谁做出决定。

他称之为他的"窗帘"理论。拉起窗帘能够释放更多权力；把窗帘放下来意味着把权力都收拢在自己手里。你所要做的就是告诉大家你把窗帘拉了多高或多低。高效能的领导者，换言之就是真正高效能的窗帘运用者。

但是演讲者有一件事确实说对了。他总是不断地用拳头砸讲台。"如果你没有做X，或者你做了Y，你就会被杀掉。我的意思是真正的谋杀。"他说了太多不同的以及令人绝望的X和Y的例子，我完全不能搞清楚，开始有点慌张。

这个比较特殊的关于权力的预言在我开始这份工作后没过多久就应验了。

学年开始的时候我充满能量，而且饱受自我膨胀的折磨。我有权力，在那8天里有人不断重复地告诉我。我只是没有想好该怎么用。我也没有时间搞清楚，因为我马上就忙于管理学校的日常事务。人们会突然冲进办公室，急迫要求我处理一件又一件紧急的事情：打印机坏了，女厕所里没有纸了，前一天晚上地板没有拖干净，有一些男生爬上屋顶捡回飞出去的球。在这些危机之中，我要给家长们写一封"返校之夜"的信，要召开教职工会议，与业务经理和招生主任进行会谈。

一开始我还是很热爱这种同时处理多项任务时那种肾上腺素飙升的感觉，但是我很快意识到了自己已经陷入这种"管理者琐事"之中，根本没有时间思考学校更深层的问题，更别说去解决了。那年秋天，我很少有时间去教室看看，但我发现有些孩子似乎注意力不集中，爱捣乱。有一个名为艾利克斯的男孩，每天都要被送到我的办公室跟我谈话。几周之后，我还是怀疑艾利克斯的老师究竟有没有管他。他的老师有没有跟他的家长联系过？或者我是不是应该这么做？NAIS的手册没有告诉我该怎么处理这种问题。

我当时面试工作的时候那种悄无声息但是恼人的怀疑变成了一种不断膨胀的恐惧感。我可以判断高中三年级的老师对他们的学生要求不够，无论是在学习上还是在行为上。学校里的隐藏课程——它的文化——过于宽松。我怎么才能跟我的教师们提及这个问题呢？怎么跟校董会提呢？我没有想法。只是感觉非常急迫。

此外，当时学校的资金运动也遭遇了巨大的损失。我要经常跟委员会的成员碰面，了解学校的建筑和种植需要，研究建筑结构，这样我才能提出投资预案，提供给潜在的捐助者。我很疑惑为什么校长的新办公室是在一个狭小、没有窗户的房间，还在走廊的尽头，但是我得知现在想要改变计划已经太晚了，第二年夏天他们就准备动工，还有不到8个月的时间。另外，委员会决定要雇用基金筹集咨询师，但是我要面试那些候选人。然后我要跟她一起合作，创建一个活动策略、预算和宣传手册，筹集目标是100万美元，校董会已经批准了这个数字。这个项目吓到了我。100万美元的目标对于一个刚刚成立20年的学校是一个极大的挑战。最年长的校友才30多岁，还无法提供这个数额的捐赠。

这就意味着学校的捐赠主要依赖于他们最年长最富有的主要捐赠者，那些贵格会教派成员。因此，我不得不花大量的时间远离学校，在漫长的午餐会上演讲，与我们的筹款顾问称之为"大金主"的人一起品茶。这些聚会最后我都不可避免地要问他们一个具体的捐赠金额，因为他们教我要"摆在桌面上"。我要对一个自己并不了解的学校表达出极大的热情，而我本身其实还对这个学校有很多疑惑，我感觉自己像个骗子。

我应该花时间去了解孩子、老师、家长，了解我的学校。我想和那些没有被送到我办公室接受纪律处分的学生们经常接触。

对我领导力真正的考验出现在12月。艾利克斯在我的办公室待的时间比在课堂上还多，他总是在出洋相。我对这种情况毫无准备。我甚至没有时间去了解涉及此事的教师们，或者在他们授课的时候去教室看看。更糟糕的是，我几乎没有时间跟艾利克斯的父亲通电话详谈，他父亲觉得他儿子的行为问题都是老师的错。不管是真是假，我真的不清楚，但是我觉得我有义务要维护教师们。

必须要做些什么了，因此我把自己的"窗帘"拉下来几英寸。我在教职工会议上宣布，在跟教师们商量过后，我要做出最终决定，看看是否应该开除这个男孩。我希望每个学生的行为都会带来明确的后果，作为校长，我已经准备好要承担指责并且完成第一步的行动。

看上去是一小步。甚至不是一个行动，还不是一个行动。但是敌对首次出现了。

我们下一次会议开始的时候，有几个男老师跟我说，过去20年中，教职工都是集体做出这样的决定，不需要校长的干涉。"你为什么要改变这些事？"他想知道原因。

我怎么能说是我被告知我应该运用权力，让他们知道谁在掌权？因此我就编造出一些瞎话，说让全体教师都来讨论学生和家庭的秘密是个坏主意。简直就是胡扯，他们也都知道。我注意到有些人在摇头，我就改口了。

但是"冷战"即将爆发。那个月晚些时候，圣诞节快到了，我决定要回顾学校关于下雪停课的流程，看看有没有机会再次把自己的"窗帘"拉下来一点。当广播里提到城市里的公立学校要停课时，剑桥友谊学校总是会关闭。这是一个完美的流水线体系，除了一个小问题：校长听到广播里的通知，就应该立刻打很多电话，激活员工联系信息网，确保所有的员工都知道今天停课放假的消息。

我不明白为什么员工们就不能像校长和家长那样从广播里收听消息。有一些教师似乎很溺爱孩子们。这是不是之前的校长惯坏了教职工们？我把这个事件当作是一个传递信息的机会，稍微把一些事情收紧一些，根据理性而不是过去的习惯制定新的政策。尽管我还是一个菜鸟校长，我在教职工通告板上贴了一个通知，写着从此以后不会再有下雪天的电话通知，广播通知应该就足够了。

我和招生办主任谈了谈，他目睹了家长们在混乱的走廊里参观时的一些负面反应，因此也和我一样对学校的文化感到担忧。她把我拉到一边，告诉我关于新的下雪停课政策，越来越多的人在抱怨。"为什么他们不同意就不能过来跟我说呢？"我沮丧地问道。"因为他们不是那个方式"是她诚实的回答。因此我在下一次的教职工会议上提出了这个问题。"我们有些人没有收音机。"他们跟我说。"我们为什么非要那么早从广播里收听今天是不是要去学校呢？"另外一个教师说。"打个电话会好很多。"大多数教职工还是希望下雪停课流程保持原样。因此我再次推翻了自己的一个决定。

后来教职员工的反抗变成了一场全面的消耗战。教师开始不断地提出尖锐的批评问题，一个接一个：为什么他要改变学校？接下来他会给我们带来什么？他是不是想要自己一个人掌管学校？他难道不知道这么多年没有他不也一直运转的不错吗？但我3个月后才知晓这些批评意见。直到3月，一位名叫玛丽·约翰逊的校董事会成员告诉我，他们在我背后说了些什么。她以前是学校的老师，后来我才知道，她也是我这份工作的候选人之一。她说，自从我去年12月发动的两次灾难性的改变后，老师们就一直给她打电话。

就像战场上刚包扎好的伤口感染了一样，各种有毒物质很快就开始溢出来——而且溃烂的情况不容忽视。整个春天，校董事会、全体教职员工和我都在议论我头6个月是一个什么样的校长，以及学校想要一个什么样的校长。这一系列的会议漫长而且痛苦，但是最终很清楚的是，学校不想要那种传统上管理许多独立学校的仁慈的家长式领导——那种我在领导力课程中被教导要成为的领导，我在西德威尔看到了这种领导。他们想要的反而是一个能够处理问题的管理者，不会让这些问题变成教师的后顾之忧；他们想要的是一个"服务商"。最重要的是，他们真正想要的是一种我来之前就能保持的状态。就是一个让教师来管理的学校，他们喜欢那种方式。与此同时，家长并不知道发生了什么。

也就是在这个时候，我从一个招聘委员会的成员那里了解到我并不是教职工们心中校长的第一人选，或者他们的第二选择，第三选择。这对我是个打击，但这也解释了为什么我还没有机会开始，教师们就抛弃了我。

我经常怀疑为什么招聘委员会会雇用我。是因为哈佛大学的学历吗？还是因为我在一所极富盛名的学校教过书？还是我的贵格会信仰？我永远都不会知道。我只知道他们应该永远不会雇用一个没有实际经验的人，委员会和我都要为这个已经开始的灾难承担过错。

与此同时，我3年级的儿子丹决定要自己处理一些事情。他去年交到了自己第一个最好的朋友，对于要搬到剑桥非常愤怒。他讨厌自己的新学校，其中的原因我也不是非常明白。他总是扰乱课堂，而且经常被送到校长办公室，就是我的办公室，接受惩罚。我当时主要想着如何保住我的新工作，根本无法想象该跟他说什么，也帮不上忙。

那是我作为父母最为糟糕的时光之一，作为惩罚，我禁止丹再跟家人们一起去参加玲玲马戏团的活动。他在教室里扔了一把椅子。

6月的时候，每个人都同意我们将在下学年重新开始。丹也是这么希望的。我花了一整个夏天放松，并且根据从我第一年作为校长的经历中学到的东西写成了一篇文章：关于我对新人"速成班"失败的感受；说我一踏进校园就发起资本运动是多么错误；学校的理事（和全体教员）等了这么久才告诉我发生了什么事，这是一个错误；以及关于我作为管理者和领导者的许多错误。

从一个言语竞争激烈的学术型学校出来，我对于更加安静的剑桥友谊学校完全不感兴趣。我错过了很多无声的线索，那些线索只要寻找就能发现。尽管我认为提出学校困扰我的这些问题是我的责任，但我完全不知道应该如何做才能不冒犯到教职工。在前两次试图表明自己是一个决策者的尝试中，我完全犯了错误。我写这篇文章首先是想弄明白这一切。但我也认为，其他新校长可能会从我的警世故事中受益。

那个夏天，校董会聘请了玛丽·约翰逊的亲戚埃里克·约翰逊，咨询了他关于学校领导"危机"的事情。我让他看了看我的文章，他看了，给我写了一张纸条："托尼，我认为在任何地方发表这篇文章都是个错误。这是一篇真诚而且直白的声明，但是里面没有任何新意，我还认为这篇文章可能会破坏学校和你在1981—1982学年成功的机会。你还没有足够的经验写这篇文章。"作为一名曾经的英语老师，埃里克还在空白处做了大量的评论，并纠正了我的拼写、句法和标点符号。如果他打分的话，这篇文章绝对是F。

我带着恐惧、焦虑但是下定决心更努力的心情，开始在新的学年努力成为员工们都需要的那种"仆人式领导"。我比前一年早起很多，总是第一个到校。我每天早上会站在走廊上跟员工、家长和学生打招呼。我提出要教授8年级的英语课，准备要重新做一些我热爱而且擅长的事情，重新成为教职工中的一员。

几乎完全是徒劳的。教师们已经下定了决心。他们感受到了我在学校的不安，他们很焦虑。他们想让我离开。

埃里克·约翰逊在11月初来找我，敦促我辞职。他说校董会已经同意支付我该学年剩余的薪水，他的亲戚玛丽准备成为校长，她将在接下来的13年里担任这一职务。

我在告别会上跟孩子们说再见的时候，是我人生最悲伤的时刻之一。我问了学生合唱团是否能唱一首我最喜欢的他们的合唱曲目。他们唱完之后，我面对着站成圆圈的孩子们，脸颊上的泪水抑制不住地流下，我说我要走了，我会想念他们，希望他们一切都好。我能够看到有些孩子脸上震惊的表情，好像在问，他为什么这么快就要走了？但是我没有答案。告别会一结束，我就走出大门，再也没有回头。我的孩子在剑桥友谊学校读完了一学年，但是之后就转学了。

我花了两个月在家待着，扫地和修剪花草，每天脑子里都回响着我跟校董会和员工们的每一次对话，每一次召开的会议。不断沉思我应该说什么，或者能够做什么不同的事情，我想让时光倒流，我想重新开始。我对自己非常愤怒。这是一生难得的机会，但是我完全搞砸了。

前一年，我几乎完全没有时间写日记或者练习吉他。现在我有大量的时间，但我几乎没有意愿再去写作或者弹奏音乐。

我晚上尝试要睡觉，鼹鼠的宣言在我脑海中回荡："瓦格纳，你就是一个废物！你永远都是一个废物。"他是对的。我作为教师的成功转瞬即逝，就像昙花。我内心知道自己就是一个彻底的失败者。这也是为什么我会失败。

在1982年之初，我就开始找工作了。我首先去找了西德威尔的校长厄尔·哈里森，想要重新做我以前的工作。他拒绝了，只是说，"你不能再回家了"——这是我最喜欢的托马斯·沃尔夫的小说名字。然后他说以前的西德威尔的同事预言我会在新的工作上"失败而且崩溃"，他肯定发现了我的致命缺陷。

我还申请了好几份学校校长助理的工作，甚至在巴尔的摩的一所K-12日间学校面试。校长跟我有着相似的教育理念，我去拜访的时候，我们在正常的交谈中相处很愉快。我说到了我从失败的经历中学到了很多，以及我多么渴望重新开始，并且愿意向他这样的有经验的校长学习。但是最后他打电话说他不能承受这个风险。显然这个风险指的是我。

我觉得我真的不应该听埃里克·约翰逊的话。我们应该找到一种方法，至少在我的第二个学年结束之前，让这份工作继续下去。现在，我确信，再也没有人会雇用我了。

找工作的时候，为了让自己感到自己有用，我开始参加自称"社会责任教育工作者"的组织的会议。1981年里根出任总统以后，他在美国的外交政策上做了一个重大转变。

1981年秋天，一小群教育者，由罗伯塔·斯诺和谢尔顿·伯曼领导，聚在一起讨论教育工作者自身如何应对核战争威胁。因为有"社会责任医师"在前，他们很容易地命名为社会责任教育工作者，简称ESR。我在哈佛的广场上见过ESR的宣传单，然后去参加了他们第二次的组织会议。

我们开始每周会面，研讨新组织代表什么以及如何发展，对于我无果的应聘之旅，是一个很好的转移注意力的方法。然后有一则短篇文章是关于我们的小组织是如何出现的，这篇文章发表在《波士顿环球》上，被一个在线服务机构收录，我们开始从四面八方收到咨询，询问如何加入我们的组织或者组织自己的分会。

春天的时候，我们已经有了超过350个付费会员，全美有好几个组织都自称分会。此时正是建立全国性社会组织的高潮时刻，但是我们的银行里只剩下几百美元的存款。要想成为一个全国性社会组织，我们需要全职主管和真正的办公室。我们不能再在布鲁克林的地下室完成ESR集会。

我们开会处理这些问题，但当我环顾四周的时候，我意识到每个人都有全职工作，他们都没有准备放弃工作。而我还有剑桥友谊学校支付给我的3个月工资，也没有找到新工作的前景，我可以冒险。当我提议要成为ESR的全职主管时，好多人都看着我，睁大双眼，满脸的不可思议。他们可能想我有点疯了，但是有些人投票赞成我的提议，我突然有了一个新的工作。这是我自己创造的。

我迎接了挑战。首先我去找了社会责任医师协会①的那些人，他们的总办公室在剑桥，我劝说他们低价租给我们一个小地方。然后我找到了一个完美的全职志愿者，苏珊·亚历山大，她愿意帮助我装修办公室。苏珊以前是韦尔斯利高中的英语教师，她是西德尼·亚历山大博士的妻子，亚历山大博士是社会责任医师协会的创始人之一。接下来，我所有需要做的就是创建使命宣言和筹集资金。

使命宣言的撰写变成了一场争论，一方要把ESR变成支持游行的活动家聚集地或者组织，另一方认为我们应该专注于创建课程和为教师组织研讨会等专业任务。我认为ESR可以完成帮助教师讨论核战争威胁的重要使命，还可以在课堂上讨论有争议的议题。我认为，如果我们支持示威游行，那么人们就会把我们视为党派之争；他们不太可能相信我们是他们教学的公正信息来源。

但是这不意味着我们就不会作为个体展示。我决定去参加1982年6月12日在纽约举行的反对核武器的抗议活动。好几万个志同道合

---

① 成立于1961年的一家由医学专家组成的非盈利组织，反对使用核武器、修建核电站等，致力于保护公众远离核辐射侵害。——编者注

的人共同站在阳光下抗议，走在第五大道上，想想就令人激动。跟20世纪60年代的反越战游行不同，那次的游行后来变成了暴力游行，这次的游行更多的是一种狂欢的气氛。满面笑容的母亲会推着婴儿车走在街上，他们头上的天空飘着充气橡胶鲸鱼，侧面写着：拯救人类。一个扎着马尾辫的10岁小女孩拿着一张海报，上面写着：胳膊是用来拥抱的。我都想不起来上一次我在一个集会上如此兴奋是什么时候了。

第二天，《纽约时报》报道，60多万人参加了中央公园的集会，这次的游行是有史以来最大规模，而且没有发生一起逮捕或者暴力事件。但是我没有时间去消化这次游行惊人的成功。我从社会责任医师协会那里得到了一些有益的指导，我准备安排一次跟曼哈顿一位潜在投资人罗伯特·斯克里夫纳的会面，他是洛克菲勒家族基金的负责人。

斯克里夫纳是一位卓越人士。他上的是堪萨斯州的公立学校，并获得了哈佛大学的奖学金。在读大学期间，他就会在暑假在堪萨斯建房子，还在阿拉斯加修建道路。他希望毕业后能去神学院，但是他的父亲劝他成为一名律师。因此他在哈佛法学院学习期间，参加了亨利·基辛格教导的国防政策研讨会。这个研讨会对他来说是改变一生的经历，打开了斯克里夫纳的眼界，他看到了国际冲突的危险，还有核战争的威胁。

1961年斯克里夫纳从法学院毕业以后，曾短暂地从事与公司法相关的业务，但他讨厌公司法，因此他接受了洛克菲勒基金会的工作机会。1967年，约翰·D. 洛克菲勒的孙辈成立了另一个基金会——

洛克菲勒家族基金，作为第四代子孙慈善事业的载体。罗伯特·斯克里夫纳在32岁的时候就被任命为基金会的执行董事，直到1984年癌症去世之前他一直都担任这个职位。

他的同事理查德·查辛（理查德后来成为了洛克菲勒家族基金的董事）说，斯克里夫纳来自慈善业的"麻烦制造者"学派。他敦促基金会董事会对各种有争议的问题采取强硬立场。家族基金是第一个倡导对大型烟草公司提起诉讼的机构，它还支持那些曾暴露在有毒橙剂①前的越战老兵在诉讼中取得胜利。

然而斯克里夫纳最大的担忧还是来自核战争。家族基金是最早向国际防止核战争医生组织提供资助的组织之一，该组织后来获得了诺贝尔和平奖。

但是我6月13日在曼哈顿中心办公室见到斯克里夫纳的时候，我对这些一无所知。在门口迎接我的人又高又瘦。他头发灰白，带着棕色眼镜，穿着干净的烟灰色西服，看上去充满学究气，还带着他高中在篮球队打球的那种风度气质。

在他让我给他讲讲ESR的事情前，我们简短地聊了聊前一天发生的游行和集会。我快速地介绍了关于组织形成的故事，还有周围人对于国家周边局势日益增长的兴趣，我尽量不要讲得拖沓。我还列出了组织内人们对于最终目标的讨论，还有我需要一个新的专业组织的立场。他点头表示同意。

然后他说："给我讲讲你自己吧。"

---

① 一种掺杂了剧毒物质的致命毒剂，由除草剂和落叶剂化学品混合而成，因其装运容器为橙色，故为"橙剂"。——编者注

我非常惊讶，不确定应该告诉他什么。虽然我意识到我唯一需要说的就是真相。我简要介绍了自己的教学经历，然后总结了剑桥友谊学校的溃败，说这是我完全没有准备好的工作。我的直觉告诉我，他已经知道发生了什么。

"你为什么觉得自己能克服这次的挑战呢？"斯克里夫纳问我。他意味深长并严厉地凝视着我，好像他在研究我的灵魂。

"我并不确信自己可以，但是我觉得尝试很重要。教育工作者需要搞清楚他们要跟孩子讲述核战争和当前形势最好的方式。"

"好吧，感谢你来见我。"话毕，他结束了这次拜访。他热情地跟我握手，但是没有流露出他的想法。

两周后的一天早上，我到达新的ESR办公室时，一封信正在等着我。是从纽约一个陌生地址寄过来的。我打开信，发现里面有一张手写的纸条和一张支票：

> 在处理我们这个时代最重要的问题时，你们将发挥至关重要的作用。如果你能用心地做好这件事，你会赢得未来一代的感谢。我希望这些能帮助你坚持下去，直到获得更多支持。
>
> 你真诚的朋友，
> 罗伯特

然后我打开了支票，是一万美元，而且是从斯克里夫纳的个人账户支取的，不是来自家族基金。释然和感激的泪水模糊了我的双眼，既是因为纸条，也是因为这笔资金。他信任我。我不能让他失望。

1983年9月，ESR正式成立一年后，我受邀参加社会责任医师协会组织的一场电影展映，是美国广播公司制作的即将上映的特效电影《后天》。这部电影讲述了一群生活在堪萨斯城的人，他们在核攻击发生前、发生中以及发生后都生活在那里。核战争的后果使用特效将惊人的细节描绘出来。

首映结束之后，我快步冲回办公室，紧急召集我的4个员工开会，告诉他们我们现在必须立刻放下手头的工作，争取每一个小时和每一分钱制作材料，帮助教师和父母去跟他们的孩子说明他们在11月将会看到什么。我们为处于不同年龄段的学生研制了用于课堂讨论的指导方针，还会给父母提供充满建议的小册子。我们出版了一份特别版的时事通讯，专门讲述如何与孩子们谈论核战争，并免费发放了数千份。之前的讨论是关于是否应该让孩子知道核战的威胁。美国广播公司已经让这种讨论变得无关紧要了。现在的问题是该跟他们说什么。

我们的新组织的名字和我们开发的大纲开始在不同的地方出现，包括电视指南周刊。《华尔街日报》头版引述了我的话，并邀请我出现在《麦克尼尔/莱勒新闻一小时》（现在称为PBS新闻一小时）和全国广播公司的节目《今日》中。

《后天》放映之后，成为了史上收视率最高的电视电影。3900万个家庭的超过一亿人收看了首播。我下了一个风险很大的赌注，并且得到回报。ESR现在无论是从公信力还是专业性上都受到了认可。

从那时起，ESR成为一个真正的全国性社会组织，成立仅4年，就拥有125个分会和一万多名成员。我管理的国家总部有16名员工，发表了几篇久负盛名的关于核时代教育的文章。当我们银行账户里只有几百美元的时候，我们也非常焦虑，当我收到了10万美元的资助以后又重振旗鼓。在这期间，ESR赞助了几次全国性的学校对话日，讨论有争议的问题，并销售了数千份谢尔登·伯曼和波士顿分会的其他人开发的课程材料。纽约分部现在给课堂里的教育者们提供关于争论解决方法的研讨会，非常受欢迎。我们给老师们提供了新的工具，让他们在课堂上处理有争议的话题。

在剑桥友谊学校，我想创办模范学校的梦想完全失败了，甚至连两年都没有坚持到。在ESR，我成立了一个模范教育组织。ESR的成功在一定程度上是因为我承担了个人和组织风险，但是跟跳槽到剑桥友谊学校做校长不同，我接受了已知的、明智的风险。

与此同时，有太多ESR的工作事务让我筋疲力尽。筹集资金是一个持续的压力来源。另外，很多组织成员仍然是全职教师，如果他们有时间，三分之一的人似乎都想做我的工作，虽然我完全不明白是为什么。然而，真正让我感到沮丧的是，我对自己是否或如何能在学校再次发挥效力的疑虑。

自1983年美国国家教育卓越委员会发表《风险中的国家》报告以来，关于"美国教育危机"的书籍开始出现，我全部都细读了。《风险中的国家》让我感到震惊，首先是因为该委员会只有一位教师，没有真正研究过学校的学者；其次是因为它愚蠢地建议增加必修课程，延长在校时间和学年。这就像是在说："装配线坏了，那就让我们把它再加长原有长度的20%吧。"

1984年，研究高中真实情况的学者出版了3本书。哈佛大学教授萨拉·劳伦斯-莱特福特在她的《优质高中》一书中列出了6所模范高中。另外两本书是对美国教育的毁灭性控诉：约翰·古德拉德的《一个叫学校的地方》和泰德·席尔的《贺拉斯的妥协》。古德拉德记录了在大多数高中，老师们在课堂上有70%到80%的时间都在讲话，几乎没有时间让学生进行讨论。但是席尔关于典型高中教师困境的描述让我感触最深。那个名为贺拉斯的教师，跟他的学生达成了默契：不要对学生要求太多，他们反而会表现得更理智。

这本书抓住了美国高中生普遍存在的厌倦感和缺乏智力参与的问题，席尔把这个问题归咎于落后的教育实践，而不是责怪教师。这是我读到的第一本揭露美国高中谎言的书，这个谎言我在教师和学生身上都看到过。这个谎言非常简单：每个人都在假装学习，实际上并没有。席尔以一种聪明而又谦逊的方式揭示了在他之前没有人发现过的真相。

我听说他已经开始筹备一个新的组织，支持高中改革，我希望能见到他。我们在哈佛广场旁边他的小办公室里见面了。泰德戴着队服领带，穿着人字形花纹运动外套，他的西服翻领口袋扣子旁边伸出一条金链子，一直延伸到他的外套放手绢的口袋，这是典型的常春藤标志，也是泰德的标记。而且他热情、谦逊、优雅的风范都是典型的常春藤风格。他耐心倾听我在剑桥友谊学校的故事，还有我在ESR的工作经历。但是最后他说没有适合我的工作。

我必须另寻出路。

1986年初期，我跟泰德会面后不久，我遇到了罗伯特·金斯顿，他是公共议程基金会的执行董事，我们是在纽约的一次反核能会议上遇到的。他知道我在白手起家建立ESR方面取得的成功，也知道我在筹款方面的技能，似乎对于让我集中精力完成一件新的事情很感兴趣。

"公共议程"是一个基金会，意味着要去资助项目，而不是吸引慈善资助，是由丹尼尔·扬克洛维奇成立的，他是知名的民意调查专家，还有一位创始人是塞勒斯·万斯，曾经是吉米·卡特的国务卿。他们当时正与布朗大学的霍华德·斯威勒合作，致力于一个改善冷战关系的项目。目标是让普通公民更好地了解美苏关系的复杂性，然后让立法者知道他们的政策偏好。

这听上去像是一个有趣的项目，但是我对于我们的谈话没有思考太多，直到金斯顿几周后打电话告诉我，他们要雇用我成为新的领导者。尽管只有两年的合同期，但他说这是一次在国家舞台上做出重大影响的机会。他们提供了可观的薪水，而且每周都会支付我来往于波士顿和纽约的路费——公共议程基金会位于纽约；我甚至还能有一天在家办公。

我欣然接受了这个职位，但是我很担心一周大多数时间都不能陪伴在家人身边。我怀念每晚都能够给孩子们读书的时光。然而，我更害怕的是失去方向。我不想下半辈子都做非营利组织的CEO。

我参加项目的前几个月，专注于协调公共议程的民意研究人员与布朗大学外交政策发展中心的外交政策专家之间的关系，以及筹集资金。但是跟在ESR非常不同的是——在ESR我们很难获得每一笔拨款——因为扬克洛维奇、万斯和布朗大学的学者们的声誉，筹集资金相对容易。没用多久就筹集到了目标数字400万美元。

接下来我把注意力转移到寻找当地媒体资助人，因为即将有一场4个城市联动的公众教育运动，这将是这次项目的高潮，并帮助解释该项目正在进行的焦点小组研究。扬克洛维奇已经发现了民意调查通常是根据他称之为"拍脑袋"的视角来衡量的，这种想法通常转瞬即逝，而且很不靠谱。决策者需要了解公众更深层次的信念，以便了解随着时间的推移哪些政策会得到支持。焦点小组能够让研究者了解公众的"经久不衰的信念"，不会因为当时的事件而动摇的信仰和价值观。

通常来说，公司会租用进行焦点小组讨论的设备，从而测试一个新的产品的上市效果或者广告的口号。我们正在试验新的方式，以讨论核时代外交政策的复杂性，这种方式既能被美国大众所理解，又能吸引他们。

每个星期，我们的一个团队都会去全国的中型城市，我们会在白天去跟社区、市政和商业领导会面，评估他们对于共同赞助当地运动的兴趣，然后每天傍晚进行焦点小组讨论。这个焦点小组由约翰·杜波领导，他是公共议程基金会高级研究员，他会促成跟当地居民代表进行两个小时的讨论。

我会坐在一个单面镜子后面的暗房里，一边吃三明治，一边做讨论笔记。解释过我们的研究目的之后，约翰会问一个基本的问题：

"你对苏联有什么想法？"然后他就会谈论一个更有挑战性的话题，"你认为公众所知的'相互保证毁灭'政策是会增加还是减少美国与苏联核战争的危险？"

这些问题很少能坐在桌旁认真思考。但是约翰让人有安全感。当参与者的答案不够清楚的时候，约翰会跟他们进一步解释，或者他会尽力总结他听到的话，然后问对方自己的理解是否正确。如果有人还没准备好回答，他会在屋子里走动，然后再走回那个人身边，再提问一次。约翰善于吸引一群人的注意力，因此人们可以围坐在桌边。

在焦点小组讨论的过程中，我会注意到有新观点的人。有些人来时的想法是他们认为核武器战争只是生活中的一个事实，两个小时之后很多人都会表示对于我们现在的核能政策有深深怀疑，他们希望美国跟苏联的关系能够基于和平共处的原则，即使是在最保守的乡镇也是如此。我不能抑制地感到卡尔·马克思是对的："想要让尘封的环境起舞，你必须要按照它们的曲调歌唱。"正是约翰·杜波向我展示了这种"歌唱"的景象。真正从倾听开始，然后去探索，确定你理解对方所说的，最终给人们提供一个机会去倾听别人所说的，然后在一个受到保护的环境中思考问题或事件。就像卓越的教师所做的。

焦点小组的讨论帮助我们确定了"4个未来"，这是一个框架，为美苏关系的未来阐明了可供选择的4个主要愿景。然后，我们在美国的4个城市召开了市政厅会议，在与会者投票决定他们对未来的偏好之前，对"4个未来"进行了辩论。有超过七万六千人参与。

我在跟这些当地的商业领导者接触中学到了很多，同时我在观察焦点小组时也学到了很多。我的祖父和外公在商业领域都获得了成功，我的父亲也是一位成功的商人，他们三人都是共和党员，而且在政治上很保守。跟很多左翼人士一样，我相信唯一占据商业人士头脑的事情就是要挣更多钱。在我们的会议和焦点小组中，我看到了正派人士也会关注他们的社区正在应对的困难，比如像是在越战中在我们当地委员会工作的人。让我吃惊的是，很少有人对于我们的项目目标表示冷漠或者任何形式的意识形态。

然而，不仅仅是我的偏见扭曲了我对他人的看法。在我生命的大部分时间里，我都是通过对我所看到的一切持批判态度来定义我自己的——我以各种不同于他人的方式看待这个世界。但是我学会了不加评判地去倾听我的学生，我很少能对成人也采取同样的方式。如果我不是满怀着自己的正义感来到西德威尔，而是一开始就问自己能从别人那里学到什么呢？我在那里的第二年才这样做。如果我在剑桥友谊学校的时候能够把自己的想法搁置6个月，不要太过担心，仔细倾听教师、家长和孩子的话呢？两次的结果会不会更好一点呢？

我不可能回到过去重来一遍，我知道。我一定要把这些教训运用到未来的生活中。但是我该怎么做呢？我还是没有想法。

那是1987年秋天一个宜人的午后。秋天的阳光，在深蓝色的天空中伸展出一个低矮的弧度，在曼哈顿中城投下摩天大楼长长的影子。我在人行道上挤来挤去，这样每次红绿灯变了，我都能及时通过十字路口，在每个街角躲避轿车和城市公交车，就像一个在野外跑步的人。我的预约迟到了，这是我第一次做指压按摩。

当我脱下衣服，躺在床单下时，整个身体都感觉很紧张。我读到过指压按摩可以治疗内部失调，而且能够减少焦虑感，我想尝试任何能让自己放松下来的方法。持续的出差和为城市论坛准备的压力几乎要把我压垮了。

按摩师用他的手掌和手指按摩我脖颈、肩膀和后背不同的点位。他告诉我，这些都是穴位，每一次轻触都像是一次震动，唤醒了已经沉睡已久的神经末端；每一次按压都会引起尖锐的疼痛。

眼泪涌上来。我为什么要哭呢？我不知道。我只是知道我终于释然了。

疗程结束，我缓慢地穿上衣服，不情愿地走出按摩室，重新走进了高峰时期嘈杂的混乱之中。我再也不能忍受刺耳的鸣叫和不停的喇叭声。阳光太刺眼了，人行道上人们匆忙穿梭。每件事都太沉重了。按摩让我卸下了武装。

我在做什么呢，穿着我的杰尼亚西服，戴着波斯利花纹的领带，还有锃亮的皮鞋？我在纽约做什么呢？我不属于这里，我属于学校。

几天之后，我醒来之后想起一个清晰的梦：我被一所大学雇用设计一个教师教育项目。站在我的教师学生面前，我告诉他们要做教学记录并且完成论文。但是他们不应该只是偶然做这件事，应该像我那样。我告诉他们应该把自己当作是社会科学家，记录下来好的和坏的教育实践，就像萨拉·劳伦斯－莱特福特在《优质高中》里面做的。我解释说，用这种方式，人们会更加尊重教师。

现在，对我来说一切都很清晰。当公共议程项目结束以后，我要回到哈佛攻读教育博士学位。我要再次成为一个学生。我要花时间去探索我在改变美国高中中应该扮演的重要角色。而且这一次，我要学会倾听。

重返哈佛大学：
最终理解自己和周围的世界

我欢迎我的生活，尽管有这么多的挫折，我发现自己在自然中成长，还有一种坚持下去的燃烧的激情。我在每个学生身上都在寻找这种生活的独特火花，然后尽可能点燃这些火花。

当我1988年9月重新回到哈佛大学的校园时，我发现一切都是那么熟悉，即使不是感到很舒适。我非常兴奋能再次把注意力转移到学习、孩子、教师和学校上面。但是我觉得可能就像1970年一样，那时我要攻读自己的硕士学位，我会在必修课上经历挣扎和失望。幸运的是，我在教学和学习项目上的学位课程比较灵活，我能自由选择自己大部分的课程。更重要的是，我有时间去探索很多课堂之外的学习机会。但是没过多久我就发现，正如我担心的那样，必修课的设置都互不相关。

首先，有一门必修课是美国教育史，副教授会对我们12个学生每周做一次讲座。或者应该说是准备要给我们做讲座。然而他不是霍尔·卡岑巴赫，因此我们几个都有办法让这种无聊的宣讲不会持续太久。尽管我们没有讨论过，但是另外一个思想独立的学生路易斯·维纳，他不仅是一个资深英语教师，而且还是纽约的社会活动家，我们在课堂上成立了某种秘密团体。每周我们让讲座持续15分钟左右，然后我们之中的一个会提出问题。教授就会忘记刚才讲到了哪里，然后我们就会以有趣的讨论结束课程。

还有必修的教育哲学课程。这门课的老师是伊萨瑞尔·谢弗勒，也是大型讲座课，这位教授自从1952年就在哈佛任教，很有名气。他拥有古老的智慧，简直就是尤达大师的化身。但是跟绝地大师的课程不同，他的课程总是充满幽默俏皮，带着智慧和幽默完成研究，而谢弗勒的课程就像是粉笔灰一样枯燥。他的指定读物更加糟糕，完全是一些晦涩思想家的绝版书籍，只能在图书馆里才能借到。没有苏格拉底，没有柏拉图，没有亚里士多德，没有罗素，没有杜威，没有泰德·席尔。这些阅读清单之所以会绝版是有原因的：这些书完全跟现实的课堂脱节，写得很精糕。

学期过半，我跟谢弗勒教授约谈了一次，问他为什么不读那些经典或者当代教育学家的书。这位消瘦的教师盯着办公室窗外好一会儿，才回答我。

"你知道，当我第一次来到哈佛的时候，当时有别人在教授教育哲学。他的课程必读清单包括所有伟大的教育哲学，"他解释说，"由于所有的著名哲学家都是由一位资深教授所提出的，作为一名年轻的助理教授，我不得不找出那些我的教学大纲中没有的哲学家。"

这让我感到震惊。谢弗勒选择这些阅读清单并不是因为对我们这些教育工作者有价值，而是因为他固定僵化的课程设置，自从他来到哈佛大学他就一直在用这些重复的内容。好像他也是一直在运用相同的演讲教案。我对于学术体系竟然允许这样的专业疏忽感到愤怒。

我想大喊，"那是35年前！你评上终身教职已经有几十年了，而你的哲学课程是你来这里多年来唯一教授的课程！"但是我没有这样做，相反，我决定重新审视并开始自己的教育。对于这个课程项目，我选择研究并完成关于约翰·杜威的论文。

当我在读杜威的作品时，我想起自己以前研究让·皮亚杰作品的经历。两个人都有力地印证了我对于学习和教学的信念。难怪席尔、世界之友的莫里斯·米歇尔和杰——我那个哈佛大学硕士学位的出色讲师，都会经常引用杜威的作品。我开始看到一个漫长的教育传统，还有可观的研究，支持学生成为主动参与者，而不是学习中的被动客体，现在我也是这个实践传统的一部分。

尽管我不喜欢他课程的内容，但是确实是在谢弗勒的课程中我学到了学习小组的价值。它们成了一种生存策略，我们4个人有好几次都在期末考试前待到很晚，根据考试可能会出现的阅读或者论文问题测试彼此。当我在两个小时的考试中仅仅用了40分钟就起身给谢弗勒交上我的答卷时，他非常震惊。当时我得到的两个成绩一个是97分，被划掉了，后来一个分数要低一些，94分，对于降分并没有解释或者其他标记。

我只是笑了笑，没有关系。我注册的课程都是及格—不及格评分制的，因为我不想思考分数。我回到哈佛是为了关注学习。对我来说最重要的是我在完成关于杜威的论文中学习到了什么，而不是考试结果。

想清楚怎么破解我的课堂难题之后，我必须决定自己要写什么毕业论文了。在第一个学期，每个人都被要求参加一个每周讨论，年长的教授会给出建议，并且支持我们开始爬上这座神圣的高山。她会确切地把我们的目标当作一个神圣的目标。"你的论文，"她有一天告诉我们，"应该是一场你自己跟世界上仅有的一个或者两个人的对话。"我想，大概是因为只有一两个人能理解大多数教育论文里那些晦涩难懂的主题吧。

"去他的。"我跟自己说，我才不会花费我生命中两年的时光仅仅写一些只有两个观众的东西。我的论文应该是有价值和实践性的，要给那些学校的老师一些真正的帮助。

有几门课确实对我的学习有所帮助，并最终对我的论文有所助益。这些课程都是在学校有深刻体验的人教授的，而不是终身教授。他们之中有一位是罗兰德·巴斯，他之前是学校校长，而且还写过一本很精彩的书，叫作《如何提升学校的内力》，他教授以讨论为主的关于提升学校和学校领导力的课程。美国教师联合会的传奇主席阿尔伯特·尚克曾担任一学期的客座讲师，并举办了一场关于20世纪教育改革历史的研讨会。两位老师都向我提出了一个问题：学校是如何改变的？这个问题后来成为我论文和职业生涯的焦点。但对我影响最大的是一门选修课，老师是一位名叫凯瑟琳·克鲁伯尼克的女士，她在哈佛大学建立了一个改善教学的中心。

凯瑟琳认为改善教学的关键是给教师提供反思课程接受同伴指导的机会。她的课程包括观看教师授课录像，还讨论我们观察到了什么，以及我们想给这个教师什么反馈。我们这个学期的大项目需要我们找到一位这样的教师，要对接受这种指导有兴趣，然后反思我们从互动中学到了什么。我跟一位布鲁克林郊区的资深教师联络，我叫他丹尼斯，我跟他建立了分享有意义的反馈的职业联系。

当我遇到了丹尼斯，并且在课堂上观看了录像时，我理解了虽然没有教师会喜欢受到评价，但也很少有教师认为他们教授了完美的一课。当问到他们是否喜欢收到关于他们课程的反馈时，教师们都说喜欢能够促使自己提高的机会。教师们经常把正式的评价看作是对他们个人价值的判断，而不是关于如何完善课程的学院式对话。

凯瑟琳还让我们阅读詹姆斯·W. 斯蒂格勒和吉姆斯·希伯特合著的《教学的差距》，他们研究的是美国、德国和日本的数学教育。斯蒂格勒和希伯特发现，日本的学生要比同龄人领先好几年。他们将其归功于日本教师的"课例研究"过程，同一门课程的教师会定期会面讨论他们学生的学习问题，然后合作设计课程并且改善这些问题。

教师会轮流教授新课，他们的同事会站在教室后面观察他们。在下一次会议上，他们会一起研究这次的课程，主要依据是什么对学生有帮助，什么没有帮助。这种互动过程会一直持续，直到教师对他们的课程感到满意。

大多数的老师每天都是独自工作，很少能收到对于他们课堂的反馈。在10年的教学生涯中，我从来没有这种体验。无论是我在哈佛大学硕士项目中的学生实习教师期间，还是在沃特·强森，或者是在西德威尔。因为教师都是根据自己的情况来决定，大多数人都是按照他们上学受教育的方式教学，因为这就是他们的全部所知。我不是，只是这样因为我在高中、大学和研究生院的经历对于我作为一个学生都没有起作用。

课例研究能够揭示很多东西。它改变了我对提高所有学生学习这一挑战的看法，也改变了我与丹尼斯对话的方式。我开始看到教学并不会因管理层、改变课程，或者教职工参加一个随意的研讨会，就像是我在西德威尔召集大家那样，或者阅读泰德·席尔的伟大作品而改变。课例研究过程的核心是一种承诺和不断改进教学的过程。凯瑟琳的课和日本老师的经验告诉我，教学是可以提高的——但只有通过定期的、合作的对话和对课堂问题的共同反思。

但是这种思考给我带来了新的问题：我们在学校怎么才能抽出时间进行教师合作呢？我们要怎样劝说教师共同合作提高他们的课堂呢？我们怎样彻底转变教师为职业做准备的方式呢？我不仅想知道我应该做些什么才能避免在剑桥友谊学校那样的灾难，还想明白所有的学校都应该做些什么来改善学生的学习。

但是首先我必须弄清楚这种重新构想的高中实际上是什么样子。

泰德·席尔提出的组织，基础学校联盟，在1985年成立后迅速发展起来。他积极地招募公立和私立高中参与这个项目，并且在这些学校中采取联盟的共同原则，其中包括：

○ 学校的目标是教会所有学生去思考，"少即是多"，深度比广度更重要。

○ 学生只有做了他们认为值得做的作业，学习效果才最好。

○ 你要非常了解你的学生，才能教好他们。

○ 反映出熟练程度是最好的评估形式，因为这不仅比考试更能激励学生，还能帮助教师看到学生真的懂得了什么。

我迫不及待想看看这些学校是如何运作的，因此在1988—1989年的冬天，我拜访了好几所学校。

第一所学校是位于哈莱姆的中央公园东区公立学校，1984年由黛博拉·迈耶创立。这所学校有600名学生，从7年级到12年级，大多数学生都是贫困生，而且是少数族裔学生。

这所学校有几件事瞬间打动了我。所有的课程都是跨学科课程，教师都是成对教授学生，学生可以直接叫他们的名字。这些课程不是围绕事实清单或考试单元来组织的，而是专注于为期一年的"基本问题"和学术技能，如研究、写作和权衡证据能力，学生们在更深入地钻研这个基本问题时希望掌握这些技能。我旁听的一节人类学课程的问题是"美国人是什么样的"。

学生每周会有半天的时间是在学校外做实习工作或者社区服务。

教师利用这段时间开会讨论合作课程计划。

这所学校另外一个引人注目的特点就是"咨询",综合了指导教师的概念和传统的咨询顾问的角色。在一项咨询中,一个教师每周会有4个小时跟15名学生谈话,探讨一些非学业的主题,比如性教育、霸凌、药物滥用,以及如何申请大学。学生好几年都留在同一个小组里,他们会延伸成一个支持网络,几乎成了一家人。

最为打动我的是,为了毕业,学生要完成他们的作品集,然后提供给教师委员会、社区成员和同学,然后进行答辩。作品集包括很多必备的内容,如完成研究论文、进行科学实验,以及展示自己第二语言的精通程度。

关注的重点是学习学术技能,而不是课程内容,还有学校的关怀文化,都非常成功。中央公园东区公立学校的毕业率几乎能达到100%,大多数人都上了大学——远远高于周围其他大型城市高中,那里的毕业率只有50%,很少有上大学的。

这是我第一次看到"荣誉勋章"方法对于完成高中学业的作用,它彻底改变了我心目中对于高中的认知。我们不应该根据学生的"上课时间"来颁发高中或者大学毕业证书;文凭应该是根据必修和选修"荣誉勋章"完成的程度,对于技艺掌握熟练程度的毕业证或者证书。我在科罗内尔·埃尔韦尔那里获得了橙色伐树人勋章,是因为我熟练掌握了某个特定技能,而不仅仅是待在森林里的时间。为什么学校不能如此呢?

但是这次的拜访是我个人的思考。艾文中学那样喜欢讽刺别人的老师比如鼹鼠,绝对不会忍受像中央公园东区公立学校这样的育人环境。假如我当时上的是这样的学校呢？我的生活会有什么不同？每一所学校和每一间教室都能像我在这里观察到的那样关注学生吗？我应该怎样才能让这种重塑高中的改革出现呢？我要发挥什么作用呢？

我拜访的第二所学校是布里梅尔学校，是位于波士顿郊区的一所PK-12独立学校，有200名学生。布里梅尔本来是一所女子预科学校，但是1987年在安妮·琳斯蒂娜的领导下，这个学校加入了基础学校联盟，准备采取那种我在哈莱姆课上看到的课堂模式。我参观的是9年级课堂，由高中校长朱迪·吉尔德授课，我被眼前的景象深深吸引了。课堂展现了席尔最出名的格言："学生是工作者，教师是教练。"两个学生共同引导关于乔叟《坎特伯雷故事集》的讨论，整个过程都是如此。朱迪只有几次打断，要求学生再次解释所说的内容，或者学生说的内容或证据要从文本中找到解释。我认为这一切都让人印象深刻，但是我在想，朱迪可能是一位卓越教师，或者今天课堂讨论选择的学生都是优等生。

回到剑桥的路上，我论文的想法从萌芽到破土而出：我可以研究席尔影响下高中的改革进程。萨拉·劳伦斯-莱特福特在哈佛教授过我们一种人种学方法论，这是她用于写作《优质高中》的方法，她称之为"肖像画"法。她将其描述为"一种独特的社会科学调查方法，它将艺术和科学结合在一起，捕捉到人类经验和组织生活的复杂性、动态性和微妙性"。我会选修她的课程并且学习如何研究和书写关于高中共同合作创新教学和学习模式。

一年之后，我又列出了两所要研究的高中。剑桥林奇拉丁高中，是剑桥大型城市公立高中，他们决定要把学校分成6个更小的校中校分部，让学生有更多学习方法的选择，我获得了必要的许可可以研究其中一个分部，鲁本·卡博拉领导的学术部，他也受到了席尔想法的影响。还有一所学校是霍尔初高中学校，这是霍尔唯一一所位于工人阶级社区的公立高中，位于波士顿南部海岸。新上任的校长克莱尔·谢夫也同样致力于根据联盟原则重塑这所镇上的高中。

从1989年中期到1990—1991学年年末，我每周平均有半天的时间可以用来研究这几所学校。我的笔记本里记满了我的观察和反思，这些都是我坐在不计其数的课堂里听课，然后对于学生、教师、管理者、父母还有委员会成员、社区领导者进行无数深入探讨的成果。在很多教师会议和家长之夜活动中，我就像是一位暗中观察者。

有时候我看到的事情让我大笑，也有让我几乎落泪的谈话。还有几件事几年后我仍然印象深刻。我记得督学谢夫决定让霍尔高中的教师有更多权利做出更多决定，这是一种热门教育趋势的一部分，称为"基于现场的管理"。有两次会议我都参与了"基于现场的管理"讨论，他们要决定是否可以在学校餐厅销售巧克力牛奶，结论是他们缺乏足够的信息。他们应该讨论的是怎样才能降低学校30%的辍学率。但是他们从来没有被要求去考虑这个令人忧心的数据。实际上，很有可能没有人曾经分享过这个真实的数据。

最感动我的一次谈话，是我在学术部跟一个非裔美国男孩的讨论，他上9年级，我叫他德韦恩。5门课中他有3门不及格，他经常坐在教室后面，发表一些讽刺的言论。他的英语老师将《即使有色人种女孩也有点忧郁》戏剧的基调概括为"愤怒"时，德韦恩嘲讽地说，"并非如此，是那样吗？"即使教师准备要跟学生更近距离的尝试也会遭到他的嘲讽。当老师认可有些学生说他们希望在这个学期早些时候读过这部戏剧时，德韦恩也会用让大多数人听到的音量嘟囔说："是啊，如果我们能早点读，我们可能就会喜欢这门课程了。"

但是有一天下课我在跟德韦恩聊天的时候，看到他不同寻常的一面。他告诉我他一整年都在学校做的一件事，让他真正学会了一些东西，就是关于电影人斯派克·李的独立研究项目，斯派克就是他的英雄。德韦恩详细讲述了他的"真实"生活——暴力、团伙、枪支、毒品和战争，以及他是如何带着崇拜了解斯派克·李讲述这些事情的。"斯派克·李是现在仅存的激进分子。"德韦恩说，"如果我是总统，就不会出现像MAC-10（一种枪支型号）那样的东西了。""战争只是你在任天堂玩的游戏。在其他国家，街道上发生的战争，太疯狂了！"

当时的德韦恩投入、有热情、懂政治，而且口才很好。学校只是一个无聊的游戏，跟他的生活无关，不能给他挑战。"课堂上没有值得我思考的事情。"他说，"没有给我提供任何我可以思考的东西。"

这正是我在高中以及兰道夫-麦肯学院和里士满职业学校的大部分时间里的感受。甚至在很多哈佛研究生课程中我也是这种感受。

我现在能够管理我自己，但是德韦恩还处于无能为力的时期。这场谈话之后，我决定要让成年人听到学生真正所想和所感受的事情。

1989年夏末，也就是我回到哈佛大学一年后，我接到了布里梅尔学校的安妮·琳斯蒂娜的急促电话。突然有人辞职。"您能考虑教授高中英文课吗？"她急迫地请求我。我毫不犹豫地同意了。

　　重回课堂令人非常开心。学生已经承担起我给他们的职责，引领课堂讨论，坚持独立研究项目，给彼此提交作业。他们还接受了我在西德威尔开发出的讨论会议结构。但是这次的体验比起在西德威尔要好得多，因为我现在是在联盟学校。很多教师也在采取相同的方法，我不是一个异类。

　　我在布里梅尔教学不久之后，安妮就给了我另一个机会。我们1988年底第一次见面的时候，我递给她我的新名片，我给自己的头衔是"改进学校顾问"，这是一个我渴望尝试的创新领域。安妮是第一个真正想雇用我为学校顾问的人。第一学年末尾的时候，在教职工会议上，关于学生行为问题的忧虑出现了，她说道，有些教师感觉到学生并没有尊重彼此或者教师。我建议安妮，我来抽出时间观察一下学校这些现象，然后我们可以开展半天的研讨会，我可以跟教职工分享我的数据然后讨论。

　　这些问题跟我在剑桥友谊学校见到的差不多。孩子们会时不时打断彼此和成年人，他们会奔跑并且撞到走廊里的同学和老师，他们会跟食堂值守的老师大喊，让他们多拿一些食物到他们的桌子上。教职工完全无视这些冲突并且不愿意面对这些行为。有几个教师看到学生在跑就会让他们回去重走；其他人似乎都视而不见。

　　在我开展的教职工研讨会上，我描述了我花时间观察学校，并且解释说我现在只是在汇报我所看到的和听到的事情。事实胜于雄辩。然后我把大家分成小组，让他们讨论3个问题：哪些学生和成年人的行为最值得关注？哪些行为他们更希望在学校看到？最后，学校会采取哪些价值观来支持更好的行为？

谈话非常活跃。被压抑的沮丧和宽慰的情绪似乎在整个房间里爆发出来。教师们很高兴地发现他们在4个核心价值上都能达成共识，没有费力就达成了一致，他们觉得这4个核心价值可以促进学校提高：尊重、诚实、责任和公民义务。我在想，纳拉扬·德赛可能会觉得很自豪。教职工都希望这些改变可以切实把"个人优势变成社会价值"。

但是他们自己是无法实现的，下一步是需要让学生参与。我建议让12年级的学生完成焦点小组讨论，围绕同样的问题开展研究，然后教高年级的学生如何在7年级到11年级的学生中引导类似的对话。有一些教职工对于学生能够开展关于他们自己行为的讨论感到怀疑，认为成年人应该在场。我否定了，如果有成年人在场，学生就不会说出自己的真实所想。

出乎老师们的意料，学生立刻就开始回答这些问题，并且把不够尊重老师和同学放在问题列表的第一项。但是学生也有自己的担心：老师们有时候会说学生的闲话。当我把这个情况反馈给教师们时，很多人都点头，大家都同意教师关于学生的谈论应该更专业化。

最后一步就是让家长也参与其中。那年的晚秋，学校有史以来规模最大的家长团体——超过150位家长，代表了四分之三的学生家庭——聚集在一起，讨论道德教育。很多家长晚上离开的时候都说这是他们参加过的获取信息量最大的学校组织的家长会。

我那天晚上开车回家的时候筋疲力尽。我在西德威尔和剑桥关注学生行为的行动都失败了。但是经过这么多年，我已经学会了新的技能，也更加谦卑。杰向我展示了好的教学中最重要的是提出好问题。通过观察约翰·杜波，我看到了焦点小组可以引导成年人反思并且用新的角度看待问题。现在我明白了正确的问题可以引发思考，而不是提供预设的答案，这也是好的学校领导力的精华。

我在哈佛大学剩下的时光，以及很多年后，我仍然广泛地拜访学校、学区、组织和公司、州立机构。我使用相同的基本方法收集信息，经常包括焦点小组讨论，并将其与其他类型的相关数据一起呈现，以引起对正确问题的全面和集中的审议。这就是课例研究的过程，只不过规模更大。我把"实践社区"的内容聚集起来，帮助年轻人改善学习和生活方式。

我现在发现很多教学实践的问题能够通过我们对实习教师的训练来提升解决。因此，除了为我计划好的论文写作去拜访学校，在布里梅尔教学以及偶尔接受咨询工作以外，我还成为了哈佛大学硕士学位教师培训项目的大学导师。教育研究生院已经停止了为期6周的紧张的暑期项目，那是我第一次接触教学。相反，学校现在雇用像我这样的博士生去"指导"那些在公立学校做一年全职教师的师范生，就像我过去那样。

起初我坚持的是标准提议：与每位实习教师举行初步会议，在此期间，她概述她提出的课程计划；然后授课时进行观察；最终评估每节课的完成过程。我应该在每个学期跟我的学生进行4次这样的实践。但是我很快发现这个过程并不能提高他们的教学质量。第一次会面有很多信息；实习教师告诉我他们要讲授的内容，我只是简单地听着。当然，观察就成为了一场舞台表演。为了适应每个人的教学和课程表，回顾会通常要在几周后才会开展。我只能根据我的记忆和当时的笔记来提出很多尖锐的问题和建议，但是这些建议通常都太迟了，很难影响到学生教师下一次的教学计划。

整个辅导模式作用太小、推进太晚。想象一下，一个运动队有一个教练，他一个赛季只出现4次，而且只能谈论该队几周前参加的一场比赛。新教师，甚至是有经验的教师需要像球队一样有足够的定期训练。我想到最好的教练通常会用录像作为他们的关键训练策略，我决定试一试，如果我能够决定辅导模式。

所谓的硕士教师也没有太多帮助。出于好奇，我看了他们中大多数人如何教学，他们的课程很难称得上是精品。就像是我多年前在布鲁克林的师长艾伦，这些年长的专业人士享受自己的私人时间，如果学生教师掌管了课堂，他们不觉得自己还有义务留在课堂里。什么都没改变。哈佛大学仍然让那些像我一样没有准备好的学生毕业生直接成为全职教师。

我在布里梅尔看到一个尝试新事物的机会，我跟安妮提出了这个想法。我只要了微薄的报酬，提出要成为她雇用的新教师的同侪教练，我指出这是一个很重要的让学校课程采用联盟原则的策略。她喜欢这个想法，因此我在布里梅尔的第二年就承担了这个职责，除此之外我还教授12年级的英文课。

因为后勤问题，我不能给他们的课程录制视频，但是我做很多其他的实验，创造机会研究布里梅尔新教师的课程。我会让他们来我的课堂听课，不用事先和我打招呼，大多数人都会听从我的建议。我还建立了一个研讨会小组，每周放学后见面，教师会轮流分享他们的课程，并进行互相评判。为了帮助建立这种同事关系和彼此的信任，我会邀请小组成员来我的家里一起享用百乐餐①。一年后，我们建立了一个真正的实践社区。新教师成了更加优秀、自信的专业人士，不再害怕分享教学的问题，并且愿意一起解决这些问题。

真正改变这些教师的生活，我们也就是在真正改变学生的生活。这是我做过的最令人满意的工作。成为教师的教师，这是我最想做的工作。最后我在纽约的梦想碎片成为了现实。

1991年1月，我完成博士学位的大多数必修课程。我的博士资质论文记录布里梅尔中学运用联盟原则的研究方向也通过了。我在萨拉·劳伦斯-莱特福特的课堂上也表现得不错，并让她进入我的论文指导委员会，这是一个很重要的政治举动。

大多数毕业论文都是基于定量数据完成的，而不是运用"肖像画"的定性法。我自己的导师，他不是终身教授，他在我的毕业论文开题答辩过程中对我发起进攻，他强调我的研究设计不够严谨。我非常惊讶。我想他是想向另外两个终身教授证明他和他们一样对学术要求严苛。但我很快就清醒过来，并引用了当时坐在那张桌子旁的劳伦斯-莱特福特博士写的关于她的研究方法的文章作为回应，我看到她点头微笑。我的提议得到了委员会的批准，因此他们允许我继续描述我过去一年半观察到的变化过程。

现在剩下的事情就是写作，并且找到一个教师职位。我需要支付租金，同时有足够的时间完成我的论文。我决定，我只愿意接受教师教育优先的工作。在哈佛大学，研究工作是第一位的，而教师的准

① 每人自带一个菜的家庭聚会。——编者注

备工作是后来才考虑的。

那天非常幸运，我看到了新罕布什尔大学教师教育项目1991—1992学年一个职位的招聘启事。该项目是美国首批5年硕士学位教师准备项目之一。我立刻就申请了。几周后，项目创办人麦克·安德鲁就邀请我作为长期聘用副教授参与这个项目。他想寻找的是像罗兰·巴斯、阿尔伯特·尚克、凯瑟琳·克鲁伯尼克这样的实践派，这些人都是花了大量时间在学校工作，而不仅仅是研究学校，就像我作为创新课堂教师多年的经历一样。但是他警告我不要在完成论文时太过磨蹭。在我拿到博士学位之前，他就冒险雇用了我。

我负责指导8个学生教师，教授所有教育专业要求的一门关于教育结构和变化的课程的三个部分。其他教授也教这门课程，但是没有课本，我完全有自由帮助学生选择要读什么。因此我选择了当代教育书籍，囊括了广泛的视角，包括施乐的CEO大卫·T.科恩斯的《赢得大脑比赛》(*Winning the Brain Race*)，这本书证明了劳动力应该受到更好的教育，还有特雷西·凯德的《学童之中》(*Among School Children*)，里面详细记述了他追踪一位5年级教师的过程。

我还有完全的组织课堂的自由，我在创建创新的课程结构方面体会到了极大的乐趣。我把40个学生分为4人一组，他们轮流引领两个半小时课程的前三分之一，每个小组都要在课前会面，想方设法去引导他们的同学一起讨论本周的阅读。有几周是模拟课堂情境；有时就像是玩游戏。我真的会要求他们在课间休息的时候提供零食，还跟他们开玩笑说零食会算分数。

在课堂中间三分之一的时候，我会让学生们在学习小组分享并且讨论他们针对本周内容写的论文。最后，在我们吃零食休息之后，整个班级会一起讨论本周的阅读，还是由学生引领讨论。我坐在后面听着，当听到学生有争执的时候，我要忍着不去干涉，只在最后才发表评论。我仔细倾听他们的话，像做手术一样把我的关注点放在澄清他们不明白的概念上，或者介绍让他们思考的新想法。

我的打分政策是如果每个学生都达到了我的表现标准，我就给他们一个分数B。我会观察他们在课堂上和研究小组中的参与程度，并评估他们的书面作业，包括他们每周的反馈论文和最终的论文，以及学校的记录。他们所有的书面作业都被放到了一个作品集里，我会定期收集起来检查。如果他们的论文没有满足我的质量要求，我会告诉学生去修改。如果学生还在论文上有困难，我会让一个能力稍强的学生帮助他。对于那些想在课堂上拿到A的学生，我给他们的选项是让他们写一篇什么是优秀的表现标准的文章，然后说明他们的工作是如何达到这个标准的。

我在辅导学生教师方面也有创新。除了观察学生教师在学校的表现，我还要求他们给我拿来一个简短的课堂录像，他们要在我们每周的小组会议上讲解。我鼓励他们带来的录像里记录着一个他们正在研究的教学问题，比如如何开始一堂课，而不是那种让他引以为傲的课堂录像。我会让分享视频的学生教师开始讨论，说出他对所捕捉到的问题的想法，因此他们就是第一个有机会评判自己作品的人。

这样的课堂讨论真的带来很大影响。不是依靠笔记，或者记忆，或者是一位教师说或者做的事情，我们可以重复播放录像并且暂停。

但是我的工作仍然存在一个薄弱环节：我的学生教师们分配的

指导教师素质参差不齐，许多学生抱怨说，在学校实习期间，他们没有学到任何关于如何教好学生的知识。在新罕布什尔大学第一年的中途，我也找到了一个解决这个问题的创新方法。我了解到新罕布什尔的阿姆赫斯特镇正在成立一所全新的高中，属于基础学校联盟，要根据席尔的原则建立。1992年春天，在学校向学生开放的几个月前，我跟学校新聘请的校长鲍勃·迈金见了面。他告诉我，他要从全国招录老师帮助他实践哈莱姆中央公园东区学校的教学方法，包括跨学科课程、定期的教师团队会议、课程顾问制度，还有学生作品集。换言之，每件事都正是我希望我的学生教师们体验的。我提到了希望把我所有8个实习生都安排在他的学校，然后在他的学校进行每周辅导会议，他同意了。

我欣喜若狂，我找到了帮助我的新教师更好地做准备的方法，最后一个问题也解决了。我的学生教师们可以向真正的精英教师学习，他们可以一起合作创建学习和教学的新方法。

在作为教师的10年里，我一直在努力重新定义英语课程中什么是重要的，以及如何更好地吸引学生。现在，通过我的研究生课程和师生研讨会，我的目标是为未来的教师提供一种新的教学模式和改进自身技能的方法。这是非常令人满足的创意工作。我在重新构思如何让教师更好地准备，怎么做才能帮助他们持续提高。

1991—1992学年，我一周有3到4天要往返于新罕布什尔大学，然后剩下的时间完成我的论文。起初，我在长达一年半的时间里沉浸在几百页笔记的记录中。但是当我反复阅读，一个模式开始出现。我在研究的3所高中都有3项相同的基本任务：怎样给学生的作业建立清晰的学习标准，注重真正的能力，而不仅仅是覆盖的知识点范围；怎样能建立一种关注核心价值观的文化，给学生的行为提供标准；如何能激发教师的合作。

我还发现了别的事情，一些更重要的事情。大多数3所学校的教师都不明白他们应该改变自己的教学方法，无论是采取团队教学、合作学习、泰德·席尔的"学生作为工作者"的模型，或者是其他方法。学校的领导者从来没有解释过他们为什么想要教师彻底变革教学方法。

加入基础学校联盟或者其他教育组织，能够解决什么问题？教师们没有想法。大多数人都认为学生缺乏完成学校作业的动机是因为懒惰，或者家教不好，跟他们的课堂以及教师怎么教学毫无关系。他们也不知道有多少高中毕业生在离开学校时没有为工作、公民身份和终身学习做好准备。他们觉得，在很大程度上，由高等教育预期和标准化考试决定的课程中，他们几乎没有发言权。在这种情况下，还有什么理由冒险改变呢？

我意识到管理者和学校委员会对待教师的方式就跟教师对待学生的方式一样。两种情况传递出的信息都是"你要这么做，因为我告诉你要这么做"。但是只有对上级的服从并不能创造一个持续的改进承诺，就像它不能激发真正的学习一样。在一种顺从驱动的文化之中，目标就是完成所期待的最小值，无论是教师还是学生。

然而，仅仅成为一个伟大教师的热情，也不足以改善真正的教学实践。要想成为真正伟大的教师，你需要发展出一种持续磨炼技能的自律。拥有一个或多个教练——一个团队——在共同标准和共同责任的文化中与你一起训练，这是持续改进的跳板。真正的团队合作在大多数学校都是缺失的。我决定我未来的工作就是帮助教育者更好地明白为什么要改变，以及如何为成年人和学生创造一种基于团队的学习风气。我每天早上都迫不及待开始写我的论文。我热爱使用每个人都能明白的语言，让每节课、会议和采访都在纸上活跃起来，而不仅仅是学术性的内容。好像自从我在希灵中学跟爱德华兹老师学习之后，我所做的每件事都是成为一个好作家，之后我遇到了旧金山的罗伯特·列文兰特，有了成果。我及时完成了自己的论文，不到两年就出版了我的第一本书《学校如何改革》，泰德·席尔帮我作序。

1992年5月，哈佛大学的毕业典礼以一场五彩缤纷、热闹非凡的游行开始。我们穿着黑红相间的长袍昂首阔步地穿过哈佛广场空旷的清晨街道，学校鲜艳的横幅在微风中噼啪作响。那是一个令人激动的时刻，但是随后我们回到各自的研究生学院办理后续手续。

我的父母在我刚满21岁时就离婚了，他们都来参加我的毕业典礼。我的弟弟也来了，我们带着我的3个孩子一起吃了一顿庆祝晚餐。当谈到我劣迹斑斑的学习史还有那些"不光彩的事情"，我的母亲跟我的孩子们说我只是"大器晚成"。我父亲平静地敬酒，然后说他很欣喜地看到我最终学会了"改过自新"。

他所能做到的最好的事情就是这些平静的表扬。那天早些时候，在颁奖仪式上，他转身问我为什么我没有获得特别奖或者其他奖项。我对他的评价不予理会，他不能理解我没有荣誉，因为我用我的方式获得了博士学位。

4年来我完成了很多事情，我对我的作品感到自豪。我已经学会了如何成为一个高效能教师。也许最重要的是，我已经深入地处理了我所观察的学校的各种挑战，并且之后又遇到了无数所学校。

教育潮流和改革来来去去，大多数都不是基于关于学生如何更好学习或内在动机的重要性的研究。更大范围的关于教育目的的讨论也没有告诉他们——特别是，在一个彻底颠覆和深刻变革的时代，了解什么是重要的，掌握哪些技能是必要的。

此外，教师几乎没有任何机会理解或者讨论学校进行的改革。他们很少能得到关于他们课堂有意义的反馈，也很少有时间集体备课。教育管理者对于成为能指导别人的领导者也没有准备好，学校董事会成员总是把更多的精力花在政治或者资金的考量上，而不是实际的教育问题。尽管有了新技术的引入和许多专业人士的努力，但大多数教室里的教学和学习与50或75年前并没有本质上的不同，原因就在于环境和习俗的这种漏洞满满的网络。

按照我的方式完成哈佛大学学业，意味着要抓住每个机会去更好地了解这些问题。我在哈佛大学以外，找到了最好的教师、课程和无数的教育机会，我写论文是为了获得更深入的理解而不是仅仅为了分数。我孜孜不倦地完成对于其他教育者有用的论文。

我用一种平静、有个性的致谢方式结束了哈佛大学学业，我送给自己一个毕业礼物：一艘漂亮的皮划艇，有白蜡木船舷，带着橡木坐板，木质椅子，还有带着哈佛标志色彩的船身。几天之后，我离开了小镇，开始了我的处女航行。

格林河水库位于佛蒙特州和加拿大边境附近，距离剑桥有4个小时的车程。根据我的船桨指导手册，水库有19英里左右树木繁茂的多山的海岸线，是新英格兰最后的野外划艇地之一。我把我的车停在了湖边一个狭长的脏兮兮的停车场，给我的皮划艇加满了汽油和几天的食物，然后从岸边出发了。

那是一个凉爽无云的6月下午，从北边刮来了一阵清风，船桨划过水面。我热爱那种微风和阳光拂过脸颊的熟悉感觉，船桨深入到水里，用力划桨的感觉，每一次我用力划桨船都回应我，船桨在蓝灰色的水中激荡起一阵水花，余波留下一圈圈的水晕。我热爱这种沉静，只有偶尔一只潜鸟在寻找伴侣的时候打破这种宁静。水草丰茂的山在深蓝色天空下连绵起伏，与参差的海岸线相连，让我想起了我在莫格利斯的湖泊，我在那里第一次爱上学习。

只是这个湖泊更加静谧。没有露营者的叫喊，没有摩托船，没有其他任何的船只。我完全是孤身一人。我就像是詹姆斯·乔伊斯的《一个青年艺术家的画像》里的斯蒂芬·迪达勒斯，我是一个"不被注意、开心，接近原始生活中心的人"。我在世界之友入学前的那个夏天第一次读到这本书，充满了希望。这本书成为了我的圣经，陪伴着我一路去了墨西哥，然后是洛杉矶、佛蒙特、剑桥和华盛顿，之后又回到剑桥。我每过几年就要重读一次，很多内容都铭刻在了心里。在这片原野中我也带着这本书。

在湖边的一些小岛之中，我找到了一个很好的露营地点，有一片舒适的空地可以搭建我的帐篷，周围是高大的松树。旁边有一片平缓的缓坡直接通到岸边，血红色的夕阳缓缓地从崎岖的山脊上落下，我吃完晚餐，把一切都收拾好。风已经停了，但是现在清新的空气开始变凉。我把一些木头扔到我的露营火堆里，坐在旁边的岩石上看着火光越来越高，在无尽的黑夜中燃起橘红色的火花雨。

在此刻绝对的安静之中，我最喜欢的那些小说段落再次浮现在我的头脑中。我用一种清晰强烈的嗓音，对着如海一般深沉的夜空中闪烁着鳞光的星星诵读这些段落："啊，欢迎你，生活，我要成百万次地去邂逅现实，在我灵魂的熔炉中煅造出民族所没有的良知……"

我现在知道我不能成为那种我渴望成为的小说家，我能看到我自己是一个艺术家，不过是另一种艺术家。我的艺术就是教学，我的画布就是教室，我的画笔就是我想象中的课程。我的教学是一种有创造力的戏剧，带着一种自觉，是带着目的的成年人戏剧。

是的，我欢迎我的生活，尽管有这么多的挫折，我发现自己在自然中成长，还有一种坚持下去的燃烧的热情。我在每个学生身上都在寻找这种生活的独特火花，然后尽可能点燃这些火花。

是的，上帝知道，在这个过程中，我一直在与我的现实经历斗争。无论是好是坏，大多数经历都教过我学会了一些东西，远比我在课堂上学到的要多。但是只有我花了时间自己从中体会到意义，通过写作和反思才会进步。

我一路上也遇到过很多伟大的老师，但是大多数都不是我在学校遇到的。在火光之中，我只能在记忆之中隐隐想起他们的脸：教会一个怪异、孤独的露营者学会跳舞的夏安人；自愿教授一个"堕落之子"如何创意写作的爱德华兹老师，并在年末发明了一种奖状奖励他的进步；一位欢迎3次退学的学生来到他家的人权律师，甚至还跟他一起背诵诗歌，给了他一线希望；一位天主教牧师，询问一个迷茫的青少年是否看到过上帝，并把他送到阿兹特克神庙，让他找到自己的翅膀；还有甘地式的纺织者，教会一个真诚的年轻人改革的真正意义。

所有这些，还有更多东西都深深刻入我孤独的灵魂。我怀着满腔怒火，把鼹鼠老师的诅咒变成了誓言：任何学生都不该受到教师这样的侮辱。当我站在弗吉尼亚的维多利亚，我也经历过深深的恐惧。我也是在那里将这种感受转化为对于社会改革的投入。在成为一个好教师的10年里，有过孤独的挣扎和工作的压力，有对成立一个专业社区的渴望，有要重新构建学校的信念。最后，我那时在剑桥友谊学校还有一种烈火般灼烧的耻辱感，我也得到了宝贵的人生一课：你能，你一定要从失败中学习。

我的传统求学经历之中最大的失败，我现在知道了就是我的老师不能帮助我搞清楚我自己还有我周围的世界。但是这不是他们的错。没有人告诉过他们这是最重要的需要传授的课程。没有人让他们做好准备去做这样困难而要求又高的工作。

教师无法独自完成这项工作，我们都有自己的职责，我们都是教师，为未来人才而服务，如果我们选择了，我们就是要做这样的工作，斯蒂芬·迪达勒斯从他经历的现实中，形成了这种"民族所没有的良知"。这不是我的呼唤。但是会为创造出我的职业良心、教学的良心做出贡献？是的！

Acknowledgments

致 谢

首先要感谢我的经纪人艾斯孟德·海姆斯沃斯，他再次出色地帮助我出版。但是艾斯孟德不仅是代表我出版本书，当我们意识到我需要学习如何写作一本传记时，艾斯孟德进行了6个月的调查，最后找到了罗宾·丹尼斯。罗宾是我完成本书的教练和教师，让我完成这本书的写作变成一件有价值和有趣的事情。我非常感激我从她那里所学到的东西。

很多人都对我完成本书不同部分帮助极大。卡罗尔·罗杰斯曾经细致地书写过莫里斯·米歇尔的生活和工作，慷慨地跟我分享了她的知识。凯斯·赫尔姆斯曾经是我在世界之友的工作顾问，梳理了学校的历史。能够再次跟他取得联系真的非常美妙，他帮助我填补了一些记忆的空白。最后，我想对尼克·罗宾斯表示感谢，他是莫格利斯营地的主任，还有詹姆斯·哈特，毕业生发展与联系委员会的主任，他曾经花了一个早上跟我在营地上聊天，并且给我介绍了科罗内尔·奥尔克特·法拉·埃尔韦尔的论文。

企鹅出版社提供了极大的帮助。感谢凯瑟琳·科特和维多利亚·撒万，他们的编辑指导非常有帮助，还有苏珊·约翰逊对手稿出色的编辑工作。

　　最后，我要再次把我诚挚的感谢献给我的妻子P. J. 布兰肯霍尔。我所有的7本著述中她都是我的思想伴侣，第一位读者和明智的评论者。